DUCATI

**Jürgen Gaßebner/
Alan Cathcart**

MEILENSTEINE DER MOTORRAD-GESCHICHTE

DUCATI

**Jürgen Gaßebner/
Alan Cathcart**

MEILENSTEINE DER MOTORRAD-GESCHICHTE

Einbandgestaltung: Katja Draenert
Abbildungen: A. Cathcart (104, T. Akamatsu, K. Edge, P. Masters, K. Nakamura, K. Ohtani),
J.Gaßebner (54), F. Herzog (2), Werk/Archiv Seiler (78)

Eine Haftung des Autors oder des Verlages und seiner Beauftragten für Personen-, Sach- und Vermögensschäden ist ausgeschlossen.

ISBN 3-616-02544-2
ISBN 978-3-613-02544-8

1. Auflage 2005
Copyright © by Motorbuch Verlag, Postfach 103743, 70032 Stuttgart.
Ein Unternehmen der Paul Pietsch Verlage GmbH + Co.

Sie finden uns im Internet unter www.motorbuch.de

Lektor: Joachim Kuch
Innengestaltung: Jürgen Knopf, Printprodukte, 74321 Bietigheim-Bissingen
Druck und Bindung: Finidr.,s.r.o., CZ-73701 Cesky Tesin
Printed in Czech Republic

Vorwort

Eine Ducati zu bewegen, bedeutete schon immer mehr als lediglich auf zwei Rädern und einem Motor dazwischen durch Kurven zu fahren. Es hat viel mit Lebensart und Lebensgefühl zu tun, mit Liebe zur Technik und mit Liebe zu Italien. Gutes Essen eingeschlossen.

Der weltweite Siegeszug italienischer Gastronomie ist für jedermann unschwer nachvollziehbar. Eine schmackhafte, vielfältige Küche und die bekannt guten Weine lassen kaum jemanden, der ein gutes Essen zu schätzen weiß, wirklich kalt. Den entscheidenden Pluspunkt, den der italienische Gastronom aber für sich verbuchen kann, ist ihm ganz offenbar angeboren und für Nicht-Italiener nur schwer erlernbar: die Warmherzigkeit, mit der er seinen Gast begrüßt, die Offenheit, mit der er zum Entrée ein kurzes Tischgespräch führt, vor allem aber die Begeisterung, mit der er seine fast schon kunstvoll zubereiteten kulinarischen Genüsse feil bietet. Neben den Gaumenfreuden ist es gerade dies, was den Gast unweigerlich in seinen Bann zieht. Von wenigen, unverbesserlichen Ausnahmen einmal abgesehen, die sich in einem gut bürgerlichen italienischen Landgasthof mit Vorliebe am vielleicht etwas ältlichen Tafelservice stören, die hausgemachte Pesto-Sauce aber ignorieren. Qui offre la casa? Was bietet das Haus?, ist eine gerne gestellte Frage des Gastes und führt im Regelfall dazu, dass der Chefkoch seine ganz besonderen Empfehlungen ausspricht. So wie Alan Cathcart und ich in diesem Buch.

Denn kein Haar anders als mit der italienischen Gastronomie scheint es sich mit italienischen Motorrädern und ganz besonders denen von Ducati zu verhalten. Zweifellos waren und sind sie nie von solch hervorragender Perfektion, wie sie etwa japanische Großserien-Produkte vorweisen können. Aber sie haben einen ungleich stärkeren Charakter, vermitteln ein einzigartiges Gefühl und lassen ihre Fahrer zu einer großen, die Welt umspannenden Familie Gleichgesinnter gehören, die allesamt ein inniges und höchst persönliches Verhältnis zu ihrer Maschine haben. Ganz besonders gilt dies für die Ducatisti. Wie sonst wäre die gewaltige Resonanz der Fans aus aller Welt auf die WDW, die World Ducati Week, alle zwei Jahre auf dem Rennkurs von Misano zu erklären? Auch Alan und mich packte irgendwann die Leidenschaft für die Bologneser Marke, und im Verlaufe unserer Tätigkeit als Motorrad-Journalisten hatten wir Gelegenheit, mittlerweile unzählige Motorräder von Ducati, darunter etliche Werksmaschinen, selbst auf der Straße oder auf der Rennstrecke zu bewegen. Bei Alan Cathcart ging die Ducati-Leidenschaft gar soweit, dass er 1974 den Automobilrennsport an den Nagel hängte und sich statt dessen mit einer Ducati 750

Super Sport Motorradrennen widmete. Was er übrigens bis heute pflegt.

Alan, der die Maschine heute noch besitzt, startete auf dieser und sehr vielen anderen Ducati bei zahlreichen internationalen Rennen, so unter anderem mehrmals bei der TT auf der Isle of Man, wo er in der TT-Formel 1 einige Male unter den Top Ten landete. Oder in Daytona, wo er in den 90er-Jahren als Mitglied des Ducati-Werksteams die 200 Meilen bestritt und mit der Ducati Supermono beim Sound of Single-Rennen teilnahm. Keine Frage, dass diese Rennsport-Passion für Ducati bis heute nicht zu kurieren war und eine der besten Voraussetzungen für ein Ducati-Buch überhaupt ist.

Zusammen mit mir als Geschäftsführendem Redakteur des Motorrad-Fachblattes „PS - Das Sport-Motorrad Magazin" und langjährigem Sportreporter in der Superbike-WM stellten wir für diesen Titel eine ausgewählte Reihe von Maschinen zusammen, die eines gemeinsam haben: Sie zählen ganz zweifellos zu den Meilensteinen der Ducati-Modellhistorie. Neben den Meilensteinen, die Ducati bei den Serienmotorrädern über die Jahre entwickelte, finden in diesem Buch selbstverständlich auch die herausragenden Rennmaschinen von Ducati ihre besondere Würdigung. Von der Scrambler über die berühmten Roundcase-Maschinen bis hin zur sündhaft teuren 999R reicht der Bogen bei den Seriengeräten, während die vorgestellten Rennmaschinen allesamt von erlesener Herkunft sind. Die beiden 125er-Renner von Mike Hailwood, der 750er-Imola-Racer von Paul Smart, die 900er-Ducati, mit der Mike Hailwood 1978 sein glanzvolles Comeback auf der Isle of Man feierte oder die Superbikes, mit denen Carl Fogarty & Co. bis zur Drucklegung dieses Titels insgesamt elf Superbike-Weltmeisterschaften nach Bologna holten. Alle diese Rennmaschinen wurden von Alan und mir gefahren, beurteilt und auch im Hinblick auf ihre Technik erstmals in dieser Form beschrieben. Inklusive der Desmosedici-MotoGP-Rennmaschine, die ich als erster Journalist überhaupt bar jeglichen Verkleidungszierrates genau unter die Lupe nehmen durfte. Hierfür geht mein ausdrücklicher Dank an den Besitzer dieser exklusiven Maschine, Herrn Willi Balz, sowie natürlich an die Leitung von Ducati Corse, die hierfür ihr Einverständnis erklärte.

Möge Ihnen dieses Buch genau so munden, wie ein gut gereifter Sangiovese bei Ihrem Lieblings-Italiener.

Viel Freude beim Lesen wünschen Ihnen in diesem Sinne

Jürgen Gaßebner und Alan Cathcart.

Jürgen Gaßebner (li.) und Alan Cathcart widmen sich seit langem leidenschaftlich von Berufs wegen dem Thema Ducati. Während der Engländer als freier Journalist arbeitet, leitet der Deutsche seit Jahren PS-Das Sport-Motorrad Magazin.

INHALT

Die Vorgeschichte:
Von Radioanlagen
und schnellen Hündchen

Die 50er Jahre

Fahrbericht:
Kleine Strolche:
125 DOHC-Single und
125 Triple-OHC Desmo Twin

Die 60er Jahre

Fahrbericht:

Die 70er Jahre

Fahrberichte:
Mike´s Bike:

Kapitel 1:

Von Radioanlagen und schnellen Hündchen

Die Vorgeschichte

Kaum ein Unternehmen vereint in seiner Firmen-Historie derart viele sportliche Höhenflüge mit finanziellen Tiefpunkten wie der italienische Motorrad-Hersteller Ducati. Als die Firma 1996 fast Pleite geht, übernimmt die amerikanische Investment-Firma Texas Pacific Group (TGP) den angeschlagenen italienischen Traditions-Hersteller und stattete die Führungsspitze in Person von Federico Minoli mit einem Top-Manager aus. Es dauert denn auch nicht lange, bis Ducati nicht nur sportlich brilliert, sondern auch wirtschaftlich wieder auf Kurs kommt. „In Italien sind wir zurzeit der einzige Motorradproduzent, der Geld verdient", gibt der 55-jährige Ducati-Chef in einem Interview 2004 noch zu Protokoll. Insbesondere Federico Minoli war dafür verantwortlich, dass sich die Rennerfolge von Ducati mit über 200 Siegen in der Superbike-Weltmeisterschaft auch im Motorrad-Verkauf spürbar bemerkbar machten. Der früher bei der renommierten Unternehmensberatung McKinsey tätige Minoli kurbelte die Produktion von jährlich circa 12.000 Einheiten 1996 auf über 40.000 heute. Die Gewinnschwelle erreichte Ducati im Jahr 2000 wieder, und Federico Minoli zog sich aus dem operativen Geschäft zurück. Jedoch blieb er Ducati als Präsident erhalten. Da sein Nachfolger Carlo Di Biagio Anfang 2003 wegen Management-Fehlern im US-Markt zurücktrat, kehrte Minoli wieder als Steuermann auf die Ducati-Brücke zurück. Er, der als knallharter Sanierer vorher nie sehr lange in einem Unternehmen verweilte, gab denn auch unumwunden zu: „Ich habe mein Herz an Ducati verloren." Doch das haben in diesem Unternehmen schon viele. Und das schon seit rund 80 Jahren.

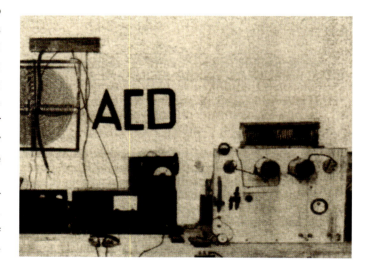

Bologna, Hauptstadt der Provincia Emilia Romagana, hat eine lange Tradition. Hier kreuzen sich seit Jahrhunderten die wichtigsten Nord-Süd-Verbindungen Italiens. An dieser Drehscheibe des Handels siedeln sich zu Anfang des 20. Jahrhunderts etliche Industriebetriebe an. Bologna entwickelt sich, neben den anderen beiden großen Industriezentren des Nordens, nämlich Mailand und Turin, zu einem wichtigen Standort der Fahrzeugindustrie. Von Ducati ist in diesem Zusammenhang allerdings noch keine Rede. Mit der Erfindung von Guglielmo Marconi - der drahtlosen Übertragung von Funksignalen - entwickelt sich Bologna auch zu einem Zentrum der Radio- und Funkindustrie.

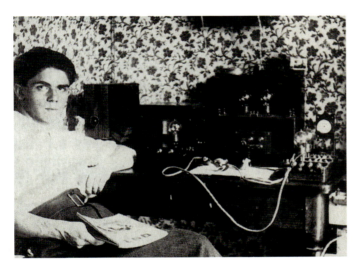

entwarf und am 1. Juni 1935 den Grundstein legte.

Im Italien der 30er Jahre, das sich unter Mussolini zu einem Industriestaat entwi-

Und damit beschäftigen sich auch Bruno, Adriano und Marcello Ducati, die 1926 eine kleine Firma gründen, die zunächst Einzelteile und später ganze Radio- und Funkanlagen produzieren. Die „Società Scientifica Radio Brevetti Ducati" setzten die technischen und elektrischen Erfindungen ihres Vaters in die Herstellung von Kondensatoren und Radios um und arbeiteten eng mit Guglielmo Marconi zusammen.

Bruno war es, der als junger Architekt das damals hochmoderne Ducati-Werk in Borgo Panigale (am Rande von Bologna)

ckelt und auch der Rüstung einen ganz anderen Stellenwert zumisst, gehört Ducati bald zu den wichtigsten Produzenten in der Branche. Architekt des Gebäudes ist übrigens Bruno Ducati.

Die elektronischen Bauteile sind es aber schließlich, die Ducati zum Verhängnis werden. Der Eintritt Italiens in den 2. Weltkrieg zwingt den aufstrebenden italienischen Hersteller ab 1940 dazu, auf die Produktion von Rüstungsgütern umzustellen. Das Werk in Borgo Panigale wird 1944 bei amerikanischen Bombenangriffen zudem stark beschädigt.

Dem Ende das Faschismus folgen unruhige Zeiten. Um den Wiederaufbau kümmern sich in erster Linie staatliche Stellen, und das „Institut für den industriellen Wiederaufbau" entschädigt die Eigner und übernimmt das Werk. Das IRI, dem die die Verwaltung aller staatlichen Industriebeteiligungen untersteht, bestimmte Bruno Cavalieri Ducati zum neuen Geschäftsführer.

Ebenfalls unter staatlicher Leitung steht die Maschinenbaufirma Siata in Turin. Diese ist mit der Produktion eines 48-Kubikzentimeter großen Viertaktmotörchens völlig ausgelastet. Die Produktion des 7,8 Kilogramm schwere Treibsatzes wird auf Ver-

Am 1. Juni 1935 wurde der Grundstein zu einer neuen Fabrik in Borgo Panigale gelegt. Der neue Komplex war ein modernes und ehrgeiziges Projekt mit dem Ziel, ein industrielles und technologisches Zentrum in Bologna zu gründen. Entworfen hatte es Bruno Ducati. Während dieser Zeit expandierte das Unternehmen sehr stark und eröffnete Niederlassungen und Büros in London, Paris, New York, Sydney und Caracas. Ducati beschäftigt zum Ende des Jahrzehnt bereits 7000 Mitarbeiter.

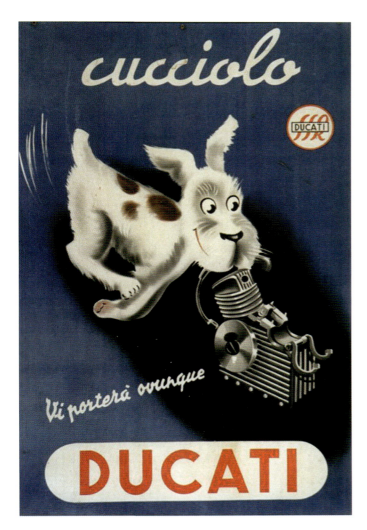

hergestellt, 1949 liefen 60.000 und 1950 sogar 200.000 Stück vom Band: Ducati ist zu diesem Zeitpunkt Italiens bestimmender Motorradhersteller.

Mittlerweile liegt der Einstieg in den Rennsport schon zwei Jahre zurück. Der Grundstein einer bis heute dauernden, großen Sporttradition erschien ganz unspektakulär. Amilcare Bonfanti gewinnt mit einem Cucciolo fünf Rundstreckenrennen, Binaca Germonio ist mit dem „Hündchen" indes beim Langstreckenrennen Mailand - San Remo siegreich.

1954 kommt Fabio Taglioni zu Ducati. Der ehemaligen Mondial-Mann soll eine ganz neue Modellreihe entwickeln. Er macht aber weit mehr als das. Er prägt das Gesicht, das Image von Ducati wie kein Zweiter. Bereits sein erster Entwurf, ein 100-Kubik-Einzylinder, weist die Desmodromik, die Ventilzwangssteuerung auf. Er stirbt im Juli 2001 - wie auch Bruno Cavalieri Ducati, 1939 zum Cavaliere del Lavoro ernannt (in Bewunderung, Dankbarkeit und Zuneigung), der letzte der Ducati-Brüder. Er hat bis ins hohe Alter

anlassung der IRI bei Ducati zunächst im Auftrag, dann als Lizenz gebaut.

Der Mini-Motor, der dann bei Ducati an Fahrradrahmen montiert wurde, heißt „Cucciolo" („Hündchen") und war 1943 von Siata-Ingenieur Aldo Farinelli in Turin entwickelt worden. Dieser Fahrrad-Hilfsmotor revolutioniert den Personenverkehr im Italien der Nachkriegszeit und verkauft sich hunderttausendfach. Im ersten Produktions-Jahr wurden 15.000 Einheiten

engen Kontakt zum Unternehmen gehalten und veröffentlichte 1991 seine Erinnerungen in dem Buch „Storia della Ducati". Seit 1998

Ehrenpräsident von Ducati, stirbt er zwei Monate vor Taglioni am 14. Mai 2001 in einem Pflegeheim in Ispra am Lago Maggiore.

Die Jahrzehnte in Stichworten

1926
Die drei Brüder Adriano, Marcello und Bruno Cavalieri Ducati gründen im italienischen Bologna die „Società Scientifica Radiobrevetti Ducati" und stellen Bauteile für Radios her.

1935
Im Bologneser Teilort Borgo Panigale wird die neue Fabrik gebaut, die noch heute der Firmensitz von Ducati ist.

1940
Der Eintritt Italiens in den 2. Weltkrieg zwingt Ducati zur Produktion von Rüstungsgütern.

1943
Im oberitalienischen Turin wird von Aldo Farinelli ein Hilfsmotor für Fahrräder entwickelt, der auf den Namen Cucciolo (Hündchen) hört. Der Einzylinder-Viertakter schöpft ein PS aus 48 cm^3 und soll nach Ende des Krieges als Massentransportmittel dienen.

1944
Alliierte Luftangriffe beschädigen die Fabrik schwer.

1945
Die Gesellschafter der Familie Ducati scheiden aus dem Unternehmen aus, und das IRI (Institut für industriellen Wiederaufbau; diesem untersteht die Verwaltung aller staatlichen Industriebeteiligungen) übernimmt die Geschäftsführung. Bruno Cavalieri Ducati wird Geschäftsführer.

1946
Die Produktion des Cucciolo beginnt. Im ersten Produktions-Jahr werden 15.000 Einheiten hergestellt, 1949 laufen 60.000 und 1950 sogar 200.000 Stück vom Band.

1948
Ducati steigt in den Rennsport ein und verbucht die ersten Erfolge. Damit wird der Grundstein für eine große Sporttradition gelegt. Amilcare Bonfanti gewinnt mit einem Cucciolo fünf Rundstreckenrennen, Binaca Germonio ist dem „Hündchen" indes beim Langstreckenrennen Mailand - San Remo siegreich.

Kapitel 2:

Die 50er Jahre

Zum bestimmenden Fahrzeug jener Jahre sollte aber Vespas Roller werden. Die überwältigende Nachfrage nach den üppig verschalten Zweitaktern rief zahlreiche Nachahmer weltweit auf den Plan, auch Ducati konnte sich dem nicht entziehen. Highlight des Jahres 1952 war der futuristische Cruiser 175, ein Roller mit Elektro-Starter und automatischer Kraftübertragung, den Giovanni Fiorio entworfen hatte.

Zuerst präsentiert auf dem Mailänder Salon 1952, stammte die elegante Linienführung von Ghia, einem der renommiertesten Turiner Designstudios, das vielen Automobilklassikern ihre unverwechselbare Form gab. Unter der zweifarbig gehaltenen Karosserie saß ein 12 PS starker Viertaktmotor (auch das ein wichtiges Unterscheidungskriterium gegenüber Vespa, Lambretta und Co.). Kurz darauf musste die Leistung auf 7,5 PS gedrosselt werden, weil der Gesetzgeber für Roller ein Geschwindigkeitslimit von 50 km/h erließ. Für einen Luxusroller mit einem stattlichen Gewicht war das natürlich zu wenig. Der Cruiser wurde zu einem kommerziellen Misserfolg. Ducati hatte einfach keinen Ruf als Hersteller von Motorrollern, kein Wunder also, dass die Cruiser-Produktion nach nur zwei Jahren wieder eingestellt wurde. Lediglich tausend Ducati-Roller waren entstanden.

Erfolgreicher agierte Ducati auf dem Gebiet der konventionellen Zweiräder, sprich

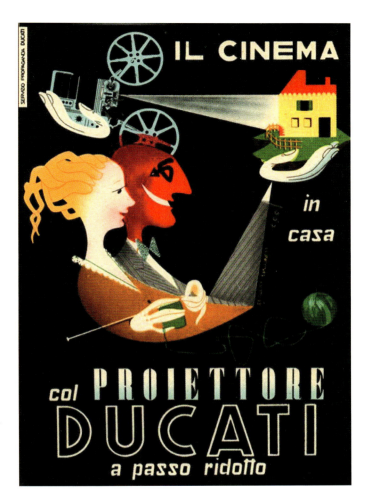

Motorräder. 1953 kam die Ducati 98, ein sehr wirtschaftliches, aber sehr zuverlässiges Modell, das es alsbald auch mit 125 Kubik geben sollte.

Nach den Rennsport-Erfolgen mit dem „Hündchen" war indes klar, dass auch dieses Maschinchen zur Basis eines Wettbewerbsmodells werden sollte. Zu den größten Erfolgen dieses Typs gehören die beiden Silbermedaillen, gewonnen bei der Internationalen Sechs-Tage-Fahrt in Wales.

Entscheidend für das Wohl und Wehe des

Unternehmens, das zeitweise einen Marktanteil in Italien von über 50 Prozent hatte, sollte indes das Engagement von Ingenieur Fabio Taglioni werden. Der damalige Präsident von Ducati, Dr. Montano, heuerte 1954 den jungen Fabio Taglioni (s. Foto u.) an. Taglioni war ein Rennsport-Besessener

und Teilnehmer an den beiden wichtigsten italienischen Langstreckenrennen, Mailand–Tarent und am Giro d'Italia. Ein ausgezeichneter Mechaniker und auch als Dozent tätig. Außerdem hatte er bei Mondial gearbeitet. Sein Eintritt bei Ducati steht für den Beginn einer neuen Ära.

Seine unzweifelhaft sportlichen Ambitionen ließen ihn auch bei seinem neuen Arbeitgeber unverzüglich mit den Arbeiten an einer Konstruktion beginnen, die das Zeug hatte, bei diesen Langstreckenklassikern ganz vorne mit zu fahren und gleichzeitig aber auch großserientauglich war.

Taglioni entschied sich für einen Hubraum von 100 Kubik und Königswelle. Die Konstruktion wies schon alle Merkmale späterer Taglioni-Entwicklungen auf und war in der Herstellung sehr aufwändig. Den-

noch ließ ihn Ducati gewähren, und diese Entscheidung sollte sich auszahlen: die Gran Sport 100 »Marianna«. Vom Anfang gehörte die zuerst neun, dann zehn PS starke Gran Sport zu den erfolgreichsten Sportmotorrädern in Italien. Bei zahlreichen Sportmaschinen-Rennen beherrschte sie ihre Klasse und siegte bei zahlreichen Straßenrennen bis in die Sechziger hinein. Zu den herausragenden Erfolgen gehört der zweimalige Sieg beim Langstreckenrennen Mailand-Tarent, und drei Mal saßen die Moto-Giro-Sieger auf der kleinen Renn-Duc; in einem Fall gingen die Plätze eins bis sechs an Marianna-Piloten.

Als Ducati im Sommer 1956 beim schwedischen Grand Prix schließlich antrat, hatte Taglioni aus seinem Königswellen-Single 18 PS bei astronomischen 12500 U/min herausgekitzelt. Unter Degli Antoni kam das Werksteam gleich beim ersten Einsatz (Maschine s. Foto u.) zu einem überlegenen Sieg, Degli starb allerdings kurz darauf bei einem Unfall in Monza, die Saison 1956 endete ohne weitere Erfolge.

Zu dieser Zeit beschäftigte sich Taglioni längst schon mit der Desmodromik, der Zwangssteuerung der Ventile; die Merce-

des-Rennwagen jener Zeit verdankten diesem Konzept ihre Erfolge. Natürlich hat die Gran Sport mehrere Entwicklungsstufen durchlaufen, denn um im Grand-Prix-Sport bestehen zu können (und das wollte Ducati 1956), musste ein höheres Leistungsniveau erreicht werden. Das gelang Taglioni durch die Demodromik – nicht seine Erfindung, aber von ihm im Zweirad zur Perfektion gebracht. An dieser Stelle ist ein kleiner Exkurs in Sachen Ventilsteuerung angebracht: Das Öffnen und Schließen eines Ventils (das den Gaswechsel im Brennraum steuert) erfolgt normalerweise direkt (per Tassenstößel) über die Nockenwelle oder über Kipp- beziehungsweise Schlepphebel. Die Ventilfeder sorgt dafür, dass das Ventil wieder in die Ausgangslage zurückgedrückt wird. Bei der Desmodromik, wie wir sie heute kennen, wirken zwei Hebel auf ein Ventil. Der eine sorgt dafür, dass das Ventil öffnete, der zweite, dass es wieder schließt. Jeder Kipphebel verfügt daher über einen eigenen Nocken auf der Nockenwelle, pro Zylinder gibt es also vier Nocken: Zwei für das Einlass- und zwei für das Auslassventil. Der Antrieb der Nockenwelle erfolgt bei Ducati über eine so genannte Königswelle. In einem Interview erklärte der Schöpfer später einmal die Vorzüge dieser Konstruktion: »Der Hauptzweck«, so erklärte er den Redakteuren des italienischen Fachblatts Motociclismo, »besteht darin, das Ventil möglichst nahe am Nocken entlangzuführen. Die Leistungsabgabe erfolgt gleichmäßiger, und die Zuverlässigkeit ist größer.« Mitte der 50er Jahre war die große Zeit der Geschwindigkeitsrekorde. Auch Ducati

ging 1956 auf Rekordjagd (s. Foto o.) und trat in verschiedenen Hubraumkategorien an. Die Basis bildete jeweils die Gran Sport 100. Neben zahlreichen technischen Änderungen waren es vor allem die voluminöse Verkleidung, welche die Ducati-Rekordmaschine auszeichneten. Die aerodynamisch sehr gelungene Aluminiumhaut wurde von Tibaldi gefertigt, die eine faszinierende »Flunder« schufen, mit der zwei Privatfahrer an einem Freitag im November auf Rekordfahrt gingen. Aufgrund des zu erwartenden Regens hatte man den Fahrer mit einer zusätzlichen Abdeckung voll in das Motorrad integriert. Als der Tag zu Ende ging, hatte Ducati 44 neue Weltrekorde aufgestellt, fünf davon in der 250er Klasse, obwohl das Motorrad lediglich einen Hubraum von 100 Kubikzentimeter aufwies. Die Rekordmaschine, die »Siluro« (Torpedo), kam in ihrem schnellsten Durchgang auf einen Schnitt von über 170 km/h, und der Schnitt über 1000 Kilometer lag bei rund 160 km/h.

Zum Jahresende erweiterte Ducati dann seine Modellpalette um eine Viertakt-Maschine mit 175 Kubik, die bis dahin hubraumgrößte Maschine des Herstellers. Angeboten als Touren-, Spezial- und Sportmaschine bot die neue Ducati ein beträchtliches Leistungsvermögen und erlaubte Höchstgeschwindigkeiten von bis zu 135 km/h — was in Anbetracht der damaligen Straßenverhältnisse kaum gefahren werden konnte.

Für 1958, nur ein Jahr bevor das Werk sein Grand-Prix-Engagement wieder beendete, zeigte Ducati einen neue Renn-125er mit Dreinocken-Desmodromik sowie einen neuen Twin, der das Heimrennen in Monza auf Platz drei beendete. Gleichzeitig entwarf Taglioni eine Vierzylindermaschine mit zwei Nockenwellen, ebenfalls für den Rennsport. Erstmals zu sehen war auch ein für den Export in die USA bestimmtes Modell.

Im Lauf des Jahres 1958 präsentierte Ducati dann eine neue 200er, die "Elite". Sie leistete 18 PS bei 7500 Touren und eroberte sich rasch eine große Fangemeinde. Sie war leicht, handlich, ziemlich schnell (130 km/h) und zuverlässig. Und ebenfalls in diesem Jahr brachte Taglioni seine Desmodromik zur Reife, er legte damit den Grundstock für eine 250er-Rennmaschine, die Mike Hailwood in der Saison 1960 einsetzen wollte. Er hatte eine Maschine von „überlegener" Leistung gefordert.

Das Jahrzehnt in Stichworten

1950

Die Produktion der 60 Sport, dem ersten komplett bei Ducati gefertigten Motorrad läuft an.

1952

Auf dem Mailänder Salon präsentiert Ducati einen Roller namens Cruiser. Mit liegend eingebautem Einzylinder-Viertaktmotor, E-Starter, hydraulischer Kupplung, Automatikgetriebe und Triebsatzschwinge ist dieser Roller seiner Zeit weit voraus.

1953

Die Firma Ducati wird in Ducati Meccanica (Motorräder) und Ducati Elettronica (Elektronik-Bauteile) geteilt. Giuseppe Montana leitet Ducati Meccanica und gründet noch im selben Jahr die Rennabteilung.

1954

Der legendäre Fabio Taglioni kommt als Chefkonstrukteur und technischer Leiter in die Firma. Er bestimmt in den nächsten 30 Jahren die Motorradentwicklung. Die Tagesproduktion wird auf 120 Fahrzeuge hochgeschraubt.

1955

Mit der Gran Sport wird die erste Taglioni-Entwicklung mit Königswelle und obenliegender Nockenwelle vorgestellt. Rennfahrer Gianni Degli Antoni gewinnt mit diesem auf den Namen Marianna hörenden Motorrad, den italienischen Klassiker Giro d'Italia in der Klasse bis 100 cm3 und wenig später sogar das erste Rundstreckenrennen in Imola.

1956

Fabio Taglioni entwickelt die als Desmodromik bezeichnete Zwangssteuerung für die Ventile weiter. Der Begriff stammt aus dem Griechischen („Desmos Dromos") und bedeutet übersetzt „Kontrollierte Bewegung". Im Rennsport siegt Giuliano Maoggi beim Giro d'Italia mit einer Gran Sport 125, und Mario Carini und Sandro Ciceri stellen auf einer Stromlinien-verkleideten Gran Sport Marianna mit 100 cm³ Hubraum insgesamt 44 Weltrekorde in vier verschiedenen Hubraumklassen auf.

1957

Mit der Marianna 125 feiert man gleich einen Fünffach-Triumph beim 24-Stunden-Rennen von Barcelona. Es gewinnen Gandossi/Spaggiari. Giuliano Maoggi siegt erneut beim Giro d'Italia, und mit der 175 Sport steigt Ducati in die nächst höhere Hubraumklasse ein.

1958

Ducati gewinnt den ersten Grand-Prix mit einer Desmo. Alberto Gandossi siegt in Hedemora (Schweden) mit einer 125er-Desmo-Rennmaschine mit zwei obenliegenden Nockenwellen. Am Ende der Saison ist Ducati gar Vizeweltmeister in dieser Klasse. Beim 24-Stunden-Ren-

nen von Barcelona gewinnt erneut eine DUCATI Marianna 125 unter Mandolini/Maranghi. Mit der Sport 125 (s. Foto u.) bringt Ducati den Nachfolger der 1957 erschienenen 125 S die zusammen mit zwei 175er-Modellen den Grundstein für eine neue Motoren-Generation bildete. Im grunde basierten alle bis 1974 gebauten Ducati-Singles hierauf.

1959

Die Scrambler 200 ist Ducatis erstes Moto-Cross- und Enduro-Motorrad. Beim ersten Motorrad-Grand Prix in dieser Saison, dem Ulster GP, steigt zudem der Stern eines jungen englischen Rennfahrers auf: Ein gewisser Mike Hailwood gewinnt auf der einzylindrigen DUCATI 125 Desmo dieses Rennen und wird im gleichen Jahr nationaler Champion dieser Klasse in seiner englischen Heimat.

Kleine Strolche

Mit zwei besonderen Konstruktionen verschaffte sich Ducati Ende der 50er Jahre auch in der umkämpften 125er-Klasse Gehör. Alan Cathcart fuhr die 125 Gran Prix- Einzylinder sowie den 125er-Desmo-Twin mit drei obenliegenden Nockenwellen.

Ducati-Chefentwickler Dr. Fabio Taglioni hielt sich stets an ein Prinzip, wenn er an die Entwicklung eines neuen Ducati-Motors ging. »Funktioniert er auf der Rennstrecke, so wird er auch auf der Straße erfolgreich sein«, lautete seine Devise, die er gleich zu Beginn seiner Karriere bei seinem ersten Ducati-Projekt zuoberst ins Lastenheft schrieb: dem OHC-Einzylinder Gran Sport, dem seine begeisterten Besitzer den Beinamen Marianna gaben. Diese kleine 98 cm³-Maschine bildete fortan die Basis für alle Einzylinder-Ducati zwischen 1955 und 1976, wie bereits ein flüchtiger Blick auf das Motorengehäuse zeigt. Dasselbe Gehäuse zierte alle Einzylinder bis 200 Kubikzentimeter Hubraum, und die späteren 250/350/450-Singles stellten im Grunde nur maßstäblich vergrößerte Versionen dieser Konstruktion dar.

Doch die »Marianna« war nicht nur auf der Straße, sondern auch im Rennsport sehr erfolgreiches Motorrad. In den

Single-Dasein:
Alan Cathcart auf dem
Desmo-Einzylinder,
mit dem der unvergessene
Mike Hailwood seine
Ducati-Karriere begann.

italienischen Championaten in der Mitte der 50er Jahre dominierte sie nicht nur ihre eigene Klasse, sondern vermochte gar Maschinen mit fast doppelt soviel Hubraum zu schlagen. Zudem holte sich Ducati mit einer besonders stromlinienförmig verkleideten Version nicht weniger als 44 Geschwindigkeits-Weltrekorde auf den Strecken von 50 bis 1000 Kilometer im Steilwand-Kurs von Monza. Mehr als 160 km/h Durchschnittsgeschwindigkeit erreichte die Marianna dabei auf den kürzeren Distanzen.

Doch Weltrekorde dieser Art waren nicht das eigentliche Ziel Taglionis. Er und Ducati wollten in den imageträchtigen Grand Prix-Rennsport. So entstand unter Taglionis Leitung ein vom Gran Sport-Motor abgeleiteter 125er-Twin, dessen beide Zylinder um zehn Grad nach vorne geneigt waren und dessen beide Nockenwellen via Königswelle angetrieben wurden. Obwohl die am 25. Februar 1956 vorgestellte Maschine in jenem Jahr mit nicht weniger als 14 Fahrern von der Italienischen Junioren-Meisterschaft bis hin zum Grand Prix eingesetzte wurde, blieb ihr der große Durchbruch versagt. Ein langer, harter Winter verhinderte ausgiebige Tests, und bald stellte sich der Ventiltrieb als gravierendstes Problem heraus.

Taglioni kam rasch zur Überzeugung, dass nur die zwangsweise Steuerung des Öffnens und Schließens der Ventile, bekannt als Desmodromik, hier Abhilfe schaffen konnte. Als langjähriger Fan dieser Technik, die unter anderem Mercedes-Benz und die OSCA-Automobil-Rennteams einsetzten, überarbeitete er den Zylinderkopf und

Durchaus kräftig: Der luftgekühlte Desmo-Single leistet 16 PS bei 11.500/min und erfreut trotz des geringen Hubraums mit guter Fahrbarkeit.

spendierte ihm eine dritte Nockenwelle. Die beiden äußeren Wellen übernahmen das Öffnen der Ventile, während die dritte, mittig platzierte Welle das Schließen übernahm. Sämtlich erfolgte die Betätigung der

Leicht-Gedicht: Nur 80 Kilogramm wiegt der Single trocken, und so gestatten die 16 PS 172 km/h Höchstgeschwindigkeit.

zylinder endlich die Kinderkrankheiten ausgetrieben hatte. 1958 schließlich war Ducati mit dem Desmo-Twin in der GP-Klasse erfolgreich, und in der Internationalen Italienischen Meisterschaft belegte man gar die ersten fünf Plätze. Am WM-Titel scheiterte Ducati letztlich aufgrund der Verletzungen, die ihre beiden Fahrer Bruno Spaggiari und Alberto Gandossi außer Gefecht setzten. Ende 1958 zog Ducati sich

Ventile über Gabel-Schlepphebel. Informationen über diesen Umbau gab das Werk seinerzeit nicht bekannt und wählte sogar absichtlich den nicht zur Weltmeisterschaft zählenden schwedischen Grand Prix im Juli diesen Jahres für den ersten Einsatz aus. Dort wollte man in Ruhe probieren, um dann beim italienischen Grand Prix in Monza später zuzuschlagen.
Doch es kam anders. Werksfahrer Gianni degli Antoni gewann das Rennen in Schweden und überrundete jeden anderen Fahrer im Feld. Degli Antoni sorgte damit für einen perfekten GP-Auftakt für Ducati und die Desmodromik, doch tragischerweise war es sein letztes Rennen. Drei Wochen später kam er bei Tests in Monza ums Leben. So dauerte es wiederum fast anderthalb Jahre, bis Taglioni, in Ermangelung seines guten Testfahrers, der 125er-Zwei-

Enorme Ausmaße: Durch zwei Nockenwellen und die desmodromische Ventilsteuerung geriet der Zweiventil-Zylinderkopf sehr wuchtig.

Ging fast 200: Die 22,5 PS beschleunigten die 125 Desmo Twin auf respektable 194 km/h Höchstgeschwindigkeit.

linder-Maschine auch deutlich schwieriger zu fahren war, und so konzentrierte er sich auf den Single. Mit ihm errang der junge Mike Hailwood 1959 beim Ulster-Grand Prix seinen ersten GP-Sieg.

Im Herbst 1974 gelangte jene Einzylinder-Maschine Hailwoods per Zufall in die Hände von Alan Cathcart, der damals eigentlich eine 250er-Aermacchi kaufen wollte. Bei einem Händler in Blackpool sah er dann die 125 Gran Prix — und kaufte sie. Der Händler riet ihm, zunächst einmal das Innenleben gründlich zu studieren, was schließlich sieben Jahre Restaurie-

schließlich aus dem Rennsport zurück, um die Entwicklung von Serien-Modellen voran zu treiben. Um die an einer Ducati interessierten Rennfahrer weiterhin mit Maschinen zu versorgen, wurde aber nicht etwa eine Replica der 125er-Desmo aufgelegt. Vielmehr entstand bereits ab 1957 mit der 125 Gran Prix eine technisch weitaus weniger komplizierte Einzylinder-Maschine, die aus Ducati-Sicht auch in privater Hand beherrschbar schien.

Zunächst gelangten aber noch zwei der 125er-Werks-Twins nach England zu Stan Hailwood, dessen Sohn Mike sie 1959 bei Grand Prix' einsetzte. Mit 22,5 PS bei 14000/min war der Twin zwar stärker als der Desmo-Einzylinder, der in der Werks-Ausführung 19,5 PS bei 13000/min leistete, und mit 118 gegenüber 112 Meilen pro Stunde war er auch im Topspeed überlegen. Doch Mike fand, dass die Zweizy-

Nimm drei: Das Besondere am 125er-Desmo-Werks-Twin sind zweifellos die drei obenliegenden Nockenwellen.

Deutlich schwerer: Mit 98 Kilogramm Trockengwicht brachte die 125 Desmo Twin 18 Kilogramm mehr als der Single-Renner auf die Waage. Hailwood mochte den Einzylinder lieber.

rungszeit in Anspruch nahm. 1981 war sie schließlich fertig und von Grund auf neu aufgebaut. Doch beim ersten Roll-Out bei einem Classic Event in Mallory Park zeigte sich, dass in der »Motoren-Abteilung« längst nicht alles zum Besten stand. Schrauben war wieder angesagt. Diesmal aber mit sachkundiger Unterstützung des besten Mannes, den man hierfür gewinnen konnte: Ducati-Spezialist Dr. Ron Lewis. Classic-Papst Lewis war zu dieser Zeit gerade mit einer anderen Restaurierung beschäftigt, vermochte die bestehenden Schwierigkeiten aber dennoch zu lösen. Gerüchte besagten, er arbeite an einem 125er-Desmo Twin, was sich wenig später als richtig heraus stellte. Die 125er stand schließlich in den USA zum Verkauf, und wenig später erstand Alan Cathcart

auch diese Maschine und brachte sie zurück nach England. Wie sich weiterhin ergab, handelte es sich dabei um eine der beiden Hailwood-Maschinen, die Mitte der 60er Jahre an den britischen Sponsor und ehemaligen Norton-Werksfahrer Syd Lawton verkauft wurden und dessen Sohn Barry fortan damit Rennen bestritt. Als Barry dann auf größere Maschinen umstieg, gelangte der 125er-Desmo Twin zunächst in die Hände von Dennis Trollope, der später als der Mann hinter den Seitenwagen-WM-Titeln von Jock Taylor bekannt wurde. Irgendwann kam dann jener amerikanische Enthusiast, der bereits die andere Hailwood-125er besaß, und kaufte die 125er-Zweizylinder. Dort stand sie dann gut zehn Jahre lang nur herum, bis Cathcart sie schließlich erwarb.

Ohne »d«, bitte: Gran Prix hieß die 125er. Eine Mischung aus Grand Prix und Gran Premio – oder nur ein Fehler des Graveurs? Es ist nichts überliefert.

Auch diese Maschine bedurfte einer kompletten Restaurierung, was insbesondere deshalb schwer fiel, weil keinerlei Unterlagen und Einstelldaten existierten. Doch auch hier wusste Dr. Lewis Rat, hoffte, dass der Motor seit seinem letzten Einsatz auf der TT 1970 nicht geöffnet wurde, und maß Zündungs- und Steuerzeiten-Werte manuell heraus. Und er hatte Erfolg. Eines Tages kam der große Moment, er schob die 125er an — und sie lief prächtig.

In Brands Hatch schließlich wurden die Fotos für dieses Buch-Kapitel geschossen, und Cathcart hatte dabei erstmals die Gelegenheit, sowohl den 125er-Desmo Twin als auch die 125er-Einzylinder selbst zu fahren.

Die 125er bedarf einer besonderen Warmlauf-Prozedur. Zunächst muss der Motor ohne Zündkerzen von Hand durchgedreht werden, um das Öl an alle wichtigen Stellen zu transportieren. Dann folgt der Betrieb mit Warmlaufkerzen, und erst wenn das kleine Triebwerk seine Betriebstemperatur erreicht hat, schraubt man die Rennkerzen hinein.

Aufgrund der extremen Auslegung des Megaphons gebärdet sich der kleine Single unterhalb von 6000/min nur unwillig. Ab 7500/min jedoch beißt der kleine Kraftzwerg mit seinen 16 PS in dieser Ausführung richtig zu und erlaubt zusammen mit dem Fünfganggetriebe (wahlweise gab es auch vier oder sechs Gänge) gute Fahrleistungen. Bemerkenswert dabei: Da das Vierganggetriebe der Marianna als Basis diente, wurden der eine beziehungsweise zweite zusätzliche Gang au-

125 DOHC-Single / 125 Triple-OHC Desmo Twin

Motor:	
Bauart:	4-Takt/(4-Takt-Reihe)
Zylinderzahl:	1 / (2)
Ventile je Brennraum:	2
Ventiltrieb:	DOHC / (Triple OHC)
Bohrung in mm:	55,3 / (42,5)
Hub:	52 / (45)
Hubraum in cm³:	125
Leistung in PS/ Nenndrehzahl in 1/min:	16/11.500 / (22,5/13.800)
Gemischaufbereitung:	
Bauart/Anzahl:	Vergaser
Hersteller:	Dell'Orto
Durchlass in mm:	27 / (2 x 23)
Kraftübertragung:	
Getriebe/Anzahl Gänge:	Klauen/5 / (6)
Fahrwerk:	
Reifen v/h:	2.50-18 / 2.75-18
Bremse v/Durchm. in mm:	Trommel-Cromodoro/ 180 / (190)
Bremse h/Durchm. in mm:	Trommel-Cromodoro/ 170 / (180)
Federweg v/h in mm:	k. A.
Gewichte und Füllmengen:	
Leergewicht in kg:	80 / (98)
Tankinhalt in Litern:	k. A.
Höchstgeschwindigkeit in km/h:	172 / (194)
Baujahre:	1957 / (1958)

Drehorgel: 22,5 PS leistete der Werks-Twin bei 13800/min. Entsprechend spitz war die Leistungs-Charakteristik, und der Eintopf war auch nicht leicht zu fahren.

zunehmen. Zuviel Bremsarbeit vereitelt hier nachhaltig gute Rundenzeiten. Ganz anders als die Einzylinder verhält sich indes der Desmo Twin. Aufgrund ihres mächtigen Motors wirkt sie nicht spielzeugartig wie die Einzylinder, sondern wie ein richtig erwachsenes Motorrad. Sind die richtigen Vergaser-Düsen eingeschraubt, ist das Anwerfen ein Kinderspiel. Zwei, drei Meter rollen, Kupplung kommen lassen, und sie läuft. Zum Warmlaufen freilich empfehlen sich wieder entsprechende Zündkerzen sowie Drehzahlen um 8000/min. Ist das kleine Triebwerk angewärmt, rüstet man auf Rennkerzen um.

Zum Anfahren empfehlen sich 10000/min, dann die Kupplung sanft einrücken — ansonsten würgt man den Motor sofort ab. Hat man den langen ersten Gang mit schleifender Kupplung erst einmal bewältigt und

ßerhalb des Getriebegehäuses hinter der Kupplung installiert.

Fahrwerksseitig zeigt sich die extrem kleine und leichte Maschine so agil, dass ein kräftiges Nießen unter dem Helm für einen zackigen Richtungswechsel bereits völlig ausreichen würde. Völlig überrascht ist man von den Bremsen. Zusammen mit dem gehörigen Bremsmoment des kleinen Einzylinders sind überaus achtbare Verzögerungen möglich und erlauben die Wahl später Bremspunkte. Für schnelle Rundenzeiten gilt aber unbedingt — ganz wie bei den einstigen 50 cm³-Maschinen — immer möglichst viel Schwung in die Kurven mit-

Platz da: Auf dem Desmo-Twin fanden sich groß gewachsene Piloten besser zurecht. Im Vergleich zum Single war die Zweizylinder-125er schon ein richtig »erwachsenes« Motorrad.

Ist doch Logo: Auch auf dem Tank des Desmo-Twins prangt das ursprüngliche Logo von Ducati Mecccanica.

ausgedreht, folgt in den weiteren Gängen sehr guter Anschluss. Nur 400/min betragen die Drehzahlsprünge.

Der Grund für diese extrem enge Abstufung des Sechsganggetriebes liegt freilich im schmalen Drehzahlband des Twins. Ab 10500/min bietet er Vortrieb, um bei 13800/min seinen Leistungszenit zu erreichen. Wie sich zeigte, verdaut er aber auch 15000/min problemlos, und Mike Hailwood drehte ihn in seinen Glanztagen manchmal bis auf 17000/min.

Während die Einzylinder-125er fast schon zerbrechlich anmutet, bestätigt der Twin den ersten optischen Eindruck. Er liegt stabiler, ist weniger nervös, und ein großer Fahrer kann sich auf ihm auch etwas bequemer zusammen falten. Rich-

tungswechsel gehen dafür etwas behäbiger vonstatten. Aufgrund der spitzen Motor-Charakteristik wird die Konzentration des Piloten zudem aufs Äußerste beansprucht. Einmal die Drehzahl zu tief in den Keller fallen lassen, und du verlierst gewaltig Meter. In diesem Punkt war die Einzylinder-Maschine weitaus gutmütiger. Und deshalb fuhr sie Mike Hailwood auch lieber. Wenngleich der Desmo Twin in Punkto Leistungsausbeute Ducati zweifellos die Möglichkeit geboten hätte, bei den 125er-Grand Prix um den WM-Titel zu kämpfen. Da sich Ducati aber anderweitig konzentrierte, musste das Bologneser Werk schließlich 20 Jahre warten, bis eben jener Mike Hailwood Ducati zu solch sportlichen Ehren verhalf.

Kapitel 3:

Die 60er Jahre

Die Ducati-Renngeschichte ist untrennbar verbunden mit der von Mike Hailwood. Der talentierte junge Rennfahrer, für Ducati auf der 125er unterwegs, war nicht nur ein begnadeter Racer, sondern hatte in Gestalt seines Vaters Stan auch einen potenten Sponsor und Geldgeber im Rücken, der alles daran setzte, seinem schnellen Filius ein ent-

Feuer, an seinen Enthusiasmus – und an sein fahrerisches Können. Ständig lagen er und Taglioni über Kreuz, es flogen die Fetzen, doch letztlich spornten sie sich gegenseitig zu Höchstleistungen an, was die Marke entscheidend nach vorne brachte. In der Saison 1960, in der Hailwood mit der 250er Desmo (s. Fotos) antrat, gab es allerdings keinen Blumentopf zu gewinnen.

War die 250er eine Maschine für den Straßenrennsport, so traf auf die Scrambler von 1961 eher das Gegenteil zu. Diese

sprechendes Arbeitsgerät an die Hand zu geben. Es war 1959, als Stan Hailwood bei Fabio Taglioni vorstellig wurde und mit ihm über einen 250er Rennmaschine diskutierte. Im Grunde genommen handelte es sich dabei um zwei 125er DOHC-Desmos mit 55,25 mm Bohrung und 55 mm Hub. Die fertige Maschine leistete 37 PS bei 11600 Umdrehungen und verfügte über einen Doppelschleifen-Rohrrahmen. Ducatis „alte Garde" erinnert sich noch lebhaft an »Mike the Bike«, an sein

Maschine war hauptsächlich für den amerikanischen Markt bestimmt und kann mit Fug und Recht als Vorläuferin der heutigen Enduros gelten. Zu jener Zeit gab es Geländemotorräder im heutigen Sinne noch nicht. Bei entsprechenden Geländesportwettbewerben, wie zum Beispiel bei der Internationalen Sechs Tage Fahrt wurden in der Regel reine Wettbewerbsmodelle eingesetzt, die sich vor allem durch den höher gelegten Auspuff, einen höheren Lenker und Stollenreifen von den Serienmodellen unterschieden. Auf die Idee, ein solches Gerät auch im normalen Straßenverkehr zu bewegen, kam zu dieser Zeit niemand – zumindest nicht bis Ducati mit der Scrambler bewies, dass so ein Gerät auch im Alltag seine Vorzüge hatte. Die Scrambler, erst mit 250, (s. Foto) dann mit 350 und in der letzten Ausbaustufe von 1969 mit 450 Kubik, verhalf Ducati weltweit zum Durchbruch. Der Single saß in einem hervorragenden Fahrwerk (auch das ein Grund für seine Popularität), bot eine vorzügliche Sitzposition und hatte eine atemberaubende Optik samt stilechter Zweifarben-Lackierung und hier und dort etwas Chrom. Gewiss, es gab schnellere Maschinen, aber kaum schönere. Es war ein extrem modernes Motorrad und vor allem in den USA sehr populär.

Aus den USA stammten auch die Anregungen, einen Vierzylinder zu entwickeln. 1963 forderten die Brüder Berliner, ihres Zeichens Ducati-Importeure in Amerika, von den Bolognesern den Bau einer Maschine, die das Zeug hatte, Harley-Davidson herauszufordern. Das Lastenheft wirkt, selbst aus heutiger Sicht, noch mehr

als ehrgeizig. Die Zielrichtung des Projekts war klar: In erster Linie sollte das neue Dickschiff den Einstieg in das lukrative Behördengeschäft ermöglichen, die unbestrittene Domäne von Harley-Davidson. Mit einem entsprechenden Motorrad und günstigeren Preisen – Italien war im Vergleich zu den USA ein Billiglohnland – winkten gigantische Gewinne. Entsprechend gigantisch fiel auch die Maschine namens Apollo aus, die Fabio Taglioni entwickelte. 1964 stellte er ein 1257 Kubikzentimeter große Vierzylinder-Bike vor mit 90-Grad-V-Motor. Vier 32er-Vergaser, 12-Volt-Lichtmaschine und 200 Watt, Elektro- und Kickstarter, Fünfganggetriebe – viel ambitionierter ging es kaum. Die Fahrerprobung dieses trocken über 270 Kilogramm schweren Trumms (Radstand 1,55 m!) verlief allerdings ernüchternd. Zu den schwerwiegendsten Problemen gehörte die Tatsache, dass es damals noch keine Reifen mit entsprechender Tragfähigkeit gab. Einer der Testfahrer meinte später: »Sie fuhr sich wie ein Lastwagen.«. Alle Versuche, das Apollo-Projekt doch

noch zur Serienreife zu bringen, scheiterten. Weder die Zurücknahme der Leistung von 100 auf 65 PS noch der Einsatz von speziellen Motorradreifen brachten den Durchbruch. 1964 wurde das hoffnungsvoll gestartete Konzept wieder eingemottet, von den beiden gebauten Prototypen hat eine (s. Fotos) überlebt.

Deutlich erfolgreicher agierte Ducati mit seinen Straßenmotorrädern. Der 175er Einzylinder-Ducati mit Königswellen-Motor galt als das italienische Sportmotorrad schlechthin. Die Taglioni-Entwicklung bildete die Basis eine Modellreihe, die über die Diana 250 (die eine Spitze von bis zu 140 km/h schaffte) mit der 250 Mach 1 von 1965 einen ersten Höhepunkt erfuhr.

Diese sportliche 250er war die erste Straßen-Duc, die die 150-km/h-Marke knackte. Das Fachblatt Motociclismo zeigte sich begeistert, die Fazit: »Das neueste Modell dieser berühmten Marke ist zweifellos eine der besten heutzutage erhältlichen Sport-250er, in Technik, Optik und Handlichkeit. Besonders bemerkenswert sind das leistungsfähige SOHC-Aggregat mit dem Fünfganggetriebe, die Beschleunigung, die exzellente Straßenlage sowie die leistungsfähigen Bremsen.«

Und noch ein Umstand verdient in jener Epoche Beachtung: Im Zuge der Evolution der Ducati-Singles entwickelten sich zwei Motorgehäusetypen, nämlich das „wide case" (breites Gehäuse) und das „narrow case" (schmales Gehäuse).

Die Mark 3 von 1968, eine 24 PS starke 250er, verfügte über ein schmales Gehäuse und bildete die Basis für eine ganze Modellreihe mit 350 und 450 Kubikzentimeter Hubraum. Im Jahr darauf stellte Ducati die Mark 3 mit Desmodromik vor. Die angegebene Leistung lag bei 29 PS, der deutsche TÜV attestierte ihr 20 DIN-PS bei 8000 Touren. Die Unterschiede zwischen der Desmo und der normalen Mark 3 waren gering, die Optik des Zylinderkopfs war praktisch gleich. Was den Testern ebenfalls imponierte, war die Tatsache, dass Ducati ein konsequentes Baukastensystem geschaffen hatte. Das Unternehmen aus Bologna, noch immer im Staatsbesitz, bot sechs praktisch baugleiche Maschinen an, drei mit normaler Königswelle und 250, 350 und 450 Kubikzentimeter sowie deren Pendants mit Desmodromik.

Das Jahrzehnt in Stichworten

1960

Der aufgrund der immer erschwinglicher werdenden Automobile zusammenrechende Motorradmarkt in Europa zollt wirtschaftlichen Tribut, auch bei Ducati. Das Werk zieht sich deshalb offiziell aus der Weltmeisterschaft zurück. Dennoch siegt die Bologneser Marke wiederum beim 24-Stunden-Rennen von Barcelona mit einem vom Werk unterstützten Team um die beiden Fahrer Villa und Balboni.

1961

Der US-Importeur Berliner Motor Corporation fordert eine Scrambler-Maschine mit mehr Hubraum, weshalb die Scrambler 200 auf 250 cm³ aufgebohrt und für den amerikanischen Markt produziert wird.

1962

Auch diesmal gewinnt Ducati bei den 24 Stunden von Barcelona, dieses Mal mit den Fahrern Fargas und Rippa.

1963

Erneut fordert der US-Importeur Berliner Motor Corporation ein hubraumstarkes Motorrad. Diesmal, um mit den amerikanischen Behörden ins Geschäft zu kom-

men. Die IRI-Unternehmensleitung stimmt schließlich dem Projekt Apollo zu, nachdem Berliner die Übernahme von 50% der Produktionskosten verspricht. Der V4-Motor mit 1240 cm³ Hubraum und 100 PS Leistung scheint für die Zeit geradezu revolutionär, doch ist die Reifen-Entwicklung noch nicht soweit. Die Pneus sind mit der gewaltigen Leistung überfordert und beginnen, sich jenseits der 160 km/h aufzulösen. Da kein Reifenhersteller in der Lage ist, dieses Problem zu lösen, wird die Entwicklung der Vierzylinder-Apollo sang- und klanglos eingestellt.

1964

Fast schon traditionsgemäß heißt der Sieger beim 24-Stunden-Rennen von Barcelona Ducati. Es gewinnen Spaggiari und Mandolini auf einer Gran Sport 125.

1965

Ducati übernimmt in Italien den Import für Triumph Automobile sowie Penta Bootsmotoren, während sich die Fertigung von Industriemotoren zudem als immer gewinnbringender herausstellt. Die Produktion dieser Industriemotoren überflügelt mittlerweile die Motorradproduktion. Die seit 1959 gebaute Elite 200 (s. Foto) mit ihren charakteristsichen Doppel-Schalldämpfer wird eingestellt.

1969

Ducati wird verstaatlicht, und gleichzeitig beginnt mit der Produktion der Mark 3 D die Fertigung des ersten Serienmotorrades der Welt mit Desmodronik. Dave Douglas und John McClark erringen bei der Rallye Baja 1000 auf einer Scrambler 350 den ersten großen Off-Road-Sieg für das Bologneser Werk.

Taglionis Liebling

Die Italien und den USA besonders beliebte Scrambler mit dem kernigen Einzylinder-Motor war eines der Motorräder, die Konstrukteur Fabio Taglioni ganz besonders gerne mochte.

Hinweise, dass Ducati Ende der 60er-Jahre einen 450er-Einzylindermotor in Serie bringen würde, lieferte der Rennsport. Bruno Spaggiari pilotierte eine Rennmaschine mit eben diesem Hubraum, und so vermutete die Szene hier ein sicheres Indiz für einen späteren Serienableger. In der Tat sollten die Propheten denn auch recht behalten, denn Ende 1968 wurde eine 450er-Serienmaschine anlässlich einer in Bologna angesetzten Besprechung mit US-Händlern präsentiert.

Wie schon bei anderen Motor-Varianten im Hause Ducati handelte es sich auch bei der vorgestellten 450er um ein aufgebohrtes Triebwerk, bei dem die Konstrukteure die 75 Millimeter Hub des existierenden 350er-Singles beibehalten hatten und lediglich die Zylinderbohrung auf 86 Millimeter vergrößerten. Beides errechnete sich schließlich zu 436 cm³ Hubvolumen. Eine weitere Vergrößerung des Hubraums wurde alleine schon aus technischer Sicht ad actum gelegt, denn weder der Kurbelwellenhub noch die Zylinderbohrung gaben noch Spielraum für weitergehende Entwicklungsmaßnahmen her. Einen weiteren Grund, es bei den 436 cm³ zu belassen, lieferten zudem die Marketing-Spezialisten von Ducati. Sie sahen im 450er-Antrieb vor allem auch eine vorzügliche Möglichkeit, den US-Markt in dieser dort sehr populären Klasse zu bedienen.

So war der 450er-Motor denn zunächst auch gar nicht für ein reinrassiges Straßenmotorrad, sondern für ein Scrambler-Modell bestimmt. Scrambler-Modelle bei Ducati — das hatte Tradition. Und war zumindest in Italien und eben den USA auch

So war das damals: Zur Verzögerung dienten simple Trommelbremsen. Allerdings hatten sie mit 140 kg Gewicht leichtes Spiel.

höchst erfolgreich. So nahm es denn auch nicht Wunder, dass die 450 Scrambler binnen kurzer Zeit zum erfolgreichsten Ducati-Modell des gesamten Programms in den Jahren 1970 und 1971 wurde.

In den USA konkurrierte auf Anhieb die sehr beliebte 450 Scrambler etwa mit der BSA Victor, die 441 Kubikzentimeter Hubraum besaß, oder auch Modellen von Triumph.

Fraglos waren die Scrambler-Modelle von Ducati - und das gilt insbesondere für die 450er – ihrer Zeit weit voraus. Sie waren keine Straßenmaschinen, aber auch keine Geländemotorräder. Die Kunden sahen sie als Kombination aus beidem, und so nahmen die Ducati Scrambler praktisch die wenige Jahre später aus Japan herüberschwappende Enduro-Welle vorweg. Nachgerade mutet es deshalb fast schon als fahrlässig an, dass Ducati die Entwicklung und Produktion der Einzylinder-Maschinen nicht weiter voran trieb. Dies nicht zuletzt auch aus wirtschaftlichen Erwägungen heraus, denn die Scrambler-Reihe sicherte dem wirtschaftlich ohnedies gebeutelten Ducati-Werk in dieser Zeit zu einem großen Teil den Fortbestand.

Heute ist die 27 PS starke und 135 km/h schnelle 450er Scrambler ein gesuchtes Stück. Freilich alleine schon deshalb, weil es sich mittlerweile um einen anerkannten Oldtimer handelt, aber auch, weil die Du-

Kräftiger Eintopf: Der 450er-Einzylinder leistete 27 PS bei 7000/min und sorgte damit für gute Fahrleistungen.

cati mit ihrem fein gezeichneten Königswellen-Einzylinder nicht nur wunderbar anzuschauen, sondern auch traumhaft zu fahren ist.

Gerade Mal 140 Kilogramm Leergewicht bescheren ein geradezu leichtfüßiges Handling, und der aufwändig gefertigte Single liefert nicht nur munteren Vortrieb,

Alles dran: Neben dem obligatorischen Tachometer besaß die Scrambler sogar einen Drehzahlmesser.

Aus einem Guss: Die Linienführung der Scrambler ist von graziler Leichtigkeit. Und genau so fährt sie sich auch.

Hebel, die Erste: Neben Gas und Bremse findet sich am rechten Lenkerende auch der Hebel für den Choke.

Hebel, die Zweite: Ein großer Dekompressionshebel erleichtert die Startprozedur des Einzylinders

Duc von hinten: Aus dieser Perspektive wird deutlich, wie unglaublich schmal die leichte 450er baut.

sondern obendrein auch eine erbauliche Klang-Kulisse dazu.

Dies begeisterte letztlich auch Richard Schlotz, der neben einer 750er Sport, einer 750er Super Sport und einer 851 S Tricolore auch zwei 450er Scrambler besitzt. Scrambler Nummer eins befand sich bei der Drucklegung dieses Titels gerade in der Restaurierung, Scrambler Nummer zwei wartet noch darauf und kann deshalb auf diesen Seiten im Ursprungszustand gezeigt werden.

Last but not least sei erwähnt, dass es auch von der 450er — wie übrigens von den anderen Hubraumvarianten ebenfalls - reinrassige Straßenmaschinen gab. Doch gerade der 450er war in diesem Fall kein besonders großer Erfolg beschieden, obwohl sie mit gut 160 km/h Höchstgeschwindigkeit keinesfalls langsam oder gar unsportlich geraten war. Jedoch vereitelte in vielen Ländern ein erhöhter Luxus- beziehungsweise Mehrwertsteuersatz größere Verkäufe, und die Kundschaft beklagte obendrein den kräftigen Durst des Singles. Zudem hatte die Klientel auch das Gefühl, eben keine echte 500er zu fahren, obgleich die Maschine es locker mit 500ern hatte aufnehmen können. Jener Mangel an Prestige war es, der die Popularität ganz auf die 250er und 350er-Modelle lenkte und rasch zur Einstellung führte: »Wenn 450er — dann Scrambler.«

450 SCRAMBLER

Motor:

Bauart:	4-Takt/Single
Zylinderzahl:	1
Ventile je Brennraum:	2
Ventiltrieb:	OHC
Bohrung in mm:	86
Hub:	75
Hubraum in cm³:	436
Leistung in PS/ Nenndrehzahl in 1/min:	27/7000

Gemischaufbereitung:

Bauart/Anzahl:	Vergaser
Hersteller:	Dell'Orto
Durchlass in mm:	29

Kraftübertragung:

Getriebe/Anzahl Gänge:	Klauen/5

Fahrwerk:

Reifen v/h:	3.50-19 / 4.00-18
Bremse v/Durchm. in mm:	Trommel/140
Bremse h/Durchm. in mm:	Trommel/140
Federweg v/h in mm:	120/70

Gewichte und Füllmengen:

Leergewicht in kg:	140
Tankinhalt in Litern:	11
Höchstgeschwindigkeit in km/h:	135
Baujahre:	1969 - 1974

Kapitel 4:

Die 70er Jahre

1972, nach dem Erfolg, den Ducati mit seinen Scramblern in den USA verzeichnet hatte, versuchte das Unternehmen diesen Erfolg in Europa zu wiederholen. Besonders erfolgreich — weltweit — agierte die hubraumgrößte Scrambler mit 450 Kubik. Die Ende der 60er Jahre anlaufende Big-Bike-Lawine degradierte allerdings großvolumige Einzylinder zu Ladenhütern, Hondas CB 750 setzte neue Maßstäbe. Taglioni indes ließ sich nicht beirren, er kramte wieder die Blaupausen des Apollo-Projektes hervor und machte sich an die Konstruktion einer neuen, hubraumstarken Sportmaschine. Mit dem quer eingebauten 90-Grad-V2 (s. Foto o.r.) schuf er eine Legende. Das war am 20. März 1970. Dieses aufwändig gebaute Aggregat (das zuerst in der 750 GT, dann in der 750 S (s. Foto u.) zum Einsatz kam) verfügte übrigens noch nicht über die Desmodromik, nur die für den Rennsport bestimmten Modelle sollten die Ventilzwangssteuerung erhalten. Und mit diesen beteiligte sich Ducati an der Formel 750-Rennserie.

Checco Costa hatte 1972 die 200-Meilen-Formel nach Italien gebracht, Ducati sagte seine Teilnahme für das Rennen am 23. April (s. Foto u.) zu und baute acht Rennmaschinen auf, die von Paul Smart,

Bruno Spaggiari, Ermanno Giuliano und Alan Dunscombe gefahren werden sollten. Die Rennmaschinen hatten Serienrahmen und -technik, die meiste Arbeit steckte, wie stets, im Detail. Wo immer möglich, wurde

zum Beispiel abgespeckt. Zusätzlich zur Desmodromik kamen neue 40-mm-Dell-'Orto-Vergaser mit Beschleunigerpumpen, Ducati nannte eine Leistung von 80 PS bei 8500 Umdrehungen pro Minute, andere

Quellen nennen eine Leistung von 90 PS bei rund 10000 Touren. Imola wurde zu einem Krimi, unvergesslich, wie Smart (Nr.16) und Spaggiari (Nr.9) praktisch Seite an Seite auf die Zielgerade einbogen und sich mit dem letzten Tropfen Sprit

ins Ziel retteten — Smart wenige Meter vor dem Italiener. Ein Jahr nach diesem sensationellen Doppelsieg wurde Spaggiari wieder Zweiter (hinter Saarinen), seine Supersport-750er kam auf beinahe 100 PS. Nach den Imola-Erfolgen von 1973 beschloss Ducati, eine Replika zu bauen — die 750 Super Sport, für viele eines der schönsten Motorräder der Welt.

In jener Zeit gab Ducati auch in der Motorrad-Weltmeisterschaft wieder richtig Gas. Nach dem Rückzug vom Rennsport im Jahre 1958 hatte sich Ducati werkseitig nicht mehr am Grand-Prix-Sport beteiligt.

Schon allein aus diesem Grund elektrisierte die Ankündigung, 1971 wieder GPs zu fahren, die Fans. Die Basis des eiligen Tuns bildete jenes im Sandguss erstellte Kurbelgehäuse, das Taglioni bei seinen 750er-Prototypen verwendet hatte. Er bestückt es mit zwei 250er Zylindern (ohne Desmo) und implantierte eine sechste Gangstufe. Schwierigkeiten mit dem Getriebe und der elektrischen Ausrüstung sorgten aber dafür, dass die nominell 72 PS starke 500er in der Weltmeisterschaft nicht konkurrenzfähig war. Vielleicht am eindrucksvollsten war die kurze Entwicklungszeit von nur sechs Monaten.

Seine Premiere erfolgte in Modene. Die beiden Fahrer (Spaggiari and Giuliano) hinterließen einen starken Eindruck, kamen aber beide nicht ins Ziel. Getriebeprobleme zwangen in beiden Fällen zur Aufgabe. In Imola dagegen kam zumindest Giuliano durch, hinter Agostini auf seiner Dreizylinder-MV. Das schmeckte nach Mehr, Ductai beschloss, einen Weltklassefahrer zu suchen, um ganz vorne bei den GP mitzufahren. Die erste Wahl war natürlich Hailwood, doch der musste passen. Stattdessen wurde Phil Read angeheuert, der einen zweiten Platz nach Hause fuhr und in Imola, nach Getriebeproblemen, sich auf Platz vier über die Ziellinie rettete. Das war es aber dann auch schon, was an größeren Erfolgen in der WM zu verzeichnen war, für den Rest des Jahrzehntes bemühte sich Ducati, seine Palette an großen V- Zweizylindern auf- und auszubauen.

1973/74 waren die Bologneser damit beschäftigt, in ihrer Rennabteilung von Hand die Renn-Replikas von Paul Smarts Erfolgsmaschine aufzubauen. Von der 750 SS entstanden über 400 Stück, beinahe zwanzig Mal so viel wie geplant.

Zu den wichtigsten Neuerungen in diesem Jahrzehnt gehört der Übergang von den bisherigen runden zu den eckigen Motorgehäusedeckeln bei den Modellen mit Königswelle. Deren Modellpalette erweitert sich um die 860 GT und GTS-Typen, die Guigiaro entworfen hat. Der Versuch, eine sportliche Alternative für die Tourenfahrer zu bieten, litt aber unter seinem plumpen Design. Der Tourensportler auf Basis der 750 GT stand sich bei den Händlern die Reifen platt. Ganz anders dagegen die Nachfolgerin der legendären 750 SS, die 900 SS. Das neue Flaggschiff wurde, im Gegensatz zur 750er, allerdings nicht mehr in der Rennabteilung gebaut, sondern innerhalb der normalen Serienproduktion. Die 68 PS starke SS schaffte eine Spitze von 220 km/h. Die Tourenvariante der SS hieß 900 SD Darmah und erschien 1977. Dieses Tourenmotorrad war viel gefälliger gestylt als die 860er und wurde bis 1982 produziert.

Mit einem Paukenschlag verabschiedete sich Ducati dann von diesem Jahrzehnt: Mike Hailwood stieg nach einem folgenreichen Abstecher in die Formel 1 wieder in den Sattel einer Ducati. In Silverstone 1977 hatte er Steve Wynne getroffen. Wynne ließ Hailwood eine von ihm vorbereitete Renn-Duc fahren. Der englische Champion war begeistert, wohl halb im Scherz erklärte er sich bereit, es damit bei der TT auf der Isle of Man im nächsten Jahr zu versuchen. So ganz traute er der

mit einer 900 SS im Trimm der Siegermaschine. Die legendäre „Hailwood-Replica" blieb bis 1986 in Produktion, zuletzt mit 1000 Kubik.

Und noch ein wichtiges Motorrad ging 1979 in Produktion. Die Pantah (Fotos li. und u.) markierte Ducatis Einstieg in die heiß umkämpfte Mittelklasse — und zugleich die Abkehr vom bislang gepflegten Prinzip des Ventiltriebs per Königswelle. Bei der Pantah — die es zunächst mit 500, dann 600 und Mitte der 80er sogar mit 750 Kubik gab — erfolgte der Nockenwellenantrieb nicht mehr über Königswelle, sondern über Zahnriemen.

Sache allerdings nicht, zunächst war die Rede davon, dass er unter einem Pseudonym an den Start gehen wolle.

Wynne schlug ein, garantierte eine Antrittsgage von 1000 Pfund und eine neue Ducati. Anschließend kaufte er drei 900er Ducatis (angeblich standen zu diesem Zeitpunkt lediglich zwanzig 900 SS zur Verfügung) und präparierte diese entsprechend. Im Endeffekt kitzelten seine Mechaniker 87 PS aus der schlanken Italienerin, was im Vergleich zu Phil Reads Werks-Honda eigentlich zu wenig war. Und der japanische Motorradgigant hatte mächtig investiert, um mit seinen Vierzylindern die TT-1-Weltmeisterschaft zu gewinnen. Andererseits saß Hailwood im Sattel. Nach einem wirklich sensationellen Rennen gewann er sowohl die TT als auch den Titel. Dass das keine Eintagsfliege war, bewies er eine Woche später im Mallory Park, als er die japanische Konkurrenz noch einmal in die Schranken verwies.

Den Sieg in der TT-Formel-1-Klasse feierte Ducati zum Saisonstart 1979 dann

500 SL Pantah

Trotz aller sensationellen Erfolge indes verdiente Ducati mit seinen Motorrädern kein Geld. Der Staatsbetrieb hatte sich längst schon ein zweites Standbein als Motorenproduzent geschaffen, und der Hauptkunde VM war es auch, der 1979 die Anteile an Ducati übernahm.

Das Jahrzehnt in Stichworten

1970

Auf dem Mailänder Salon präsentiert Ducati mit der 750 GT erstmals ein Motorrad mit dem später markenprägenden 90 Grad-V2-Motor. Konstrukteur Fabio Taglioni setzt sich mit dem V2 selbst ein Denkmal. Der Motor zeichnet sich vor allem durch geringe Vibrationen aus und erzielt nicht zuletzt dank der geringen Baubreite und der daraus resultierenden kleinen Stirnfläche außergewöhnlich gute Fahrleistungen.

1971

Das Ducati-Werk kehrt mit einem offiziellen Werksteam in den Motorradrennsport zurück, und zwar gleich in die Halbliter-Klasse der Straßen-WM. Konstrukteur Fabio Taglioni erachtet den Grand Prix-Zirkus als ideales Testfeld für die Entwicklung von

Serienmotorrädern. Das Team um Fahrer Bruno Spaggiari hat dabei gleich zwei Motorräder zur Auswahl: Eines mit Zweiventilmotor sowie einen Vierventiler in einem Fahrwerk von Colin Seeley. Die 750 S (s. Foto) wird vorgestellt.

1972

Mit der 750 SuperSport liefert Fabio Taglioni erneut einen Beweis für seine exzellente Arbeit. Wie überlegen diese Konstruktion ist, beweisen Bruno Spaggiari und Paul Smart bei den 200 Meilen von Imola, wo die beiden einen Doppelsieg gegen härteste Konkurrenz aus Italien, England und Japan feiern. Vor dem Rennen sorgt indes eine ungewöhnliche Maßnahme für Aufsehen: Ducati-Generaldirektor Spairano lässt zehn Exemplare der 750 SS in einen Lastwagen mit Glaswänden verladen. Sein Grund: „Die Kunden müssen diese Traummotorräder sehen können". Noch im selben Jahr experimentiert Taglioni bei der 500er-GP-Werksmaschine mit Kraftstoff-Einspritzung. Das Motorrad erweist sich in der Tat als überlegen, doch macht die oberste Motorradsport-Behörde FIM den Italienern einen Strich durch die Rechnung, indem sie die Einspritzung als eine Art Aufladung einstuft und verbietet.

1973

Der Konkurs des US-Importeurs Berliner Motor Corporation und die Produktion zu vieler Einzylinder-Modelle bringen das Ducati-Schiff ins Schlingern, weshalb die Modell-Palette drastisch gestrafft wird. In der Rennabteilung entstehen 411 Einheiten der 750 SuperSport als so genannte Imola Replicas, also straßenzugelassene Nachbauten der Rennmaschine, mit der Paul Smart ein Jahr zuvor bei den 200 Meilen von Imola seinen historischen Sieg feierte. Vom GP-Rennsport zieht sich Ducati indes zurück und konzentriert sein Engagement lieber auf Langstreckenrennen. Bei den 24 Stunden von Barcelona gewinnen Benja-

min Grau und Salvador Canellas auf der erstmals eingesetzten 864er-Königswellen-V2 mit für die Konkurrenz beschämenden 16 Runden Vorsprung.

1974
Mit dem Einstellen der Produktion der Einzylinder-Modelle mit Königswelle geht eine Ära bei Ducati zu Ende. Zudem gibt man den werksseitigen Rennsporteinsatz ganz auf und unterstützt statt dessen das in Bologna angesiedelte NCR-Team (Nepoti-Caracchi-Racing), das später zum Inbegriff für pfeilschnelle Ducati-Racer werden soll.

1975
Die 750 SS (s. Foto o.re.) erhält eckige Motordeckel, kleinere 32er-Vergaser, Luftfilterkasten sowie andere Auspuffrohre und einen Stahltank. Damit büßt sie gegenüber der Rundmotor-750 SS gehörig an Faszination ein. Auf dem Mailänder Salon werden die von Ingenieur Tumidei entwickelten Modelle 350 und 500 GTL (s. Foto u.r.) mit Parallel-Twin vorgestellt, verärgern jedoch aufgrund von Qualitäts-

problemen ihre Käufer. Kaum besser ist es um die zeitgleich präsentierte und von Stardesigner Giugiaro entworfene 860 GT (s. Foto o. li.) bestellt. Sie verkauft sich eher schleppend, und man entschließt sich zum Bau einer 900 SuperSport nach Vorbild der in limitierter Stückzahl gefertigten 750er Imola Replica. Zuerst wieder in Kleinserie in der Rennabteilung mit dem 864er-Desmo-Motor gebaut, schwillt die

Nachfrage nach dem pfeilschnellen Motorrad derart an, dass die 900 SuperSport in großer Stückzahl in der normalen Serienproduktion hergestellt wird. Beim 24-h-Rennen in Barcelona gewinnen erneut Grau/Canellas, und kurz darauf sind Grau und ein junger Italiener namens Virginio Ferrari bei den 1000 km von Mugello erfolgreich.

1976

Die Interpretationsmöglichkeiten rund um den Desmo-V2 scheinen keine Grenzen zu kennen, und so verleiht der Designer und Fahrzeugbauer Leopoldo Tartarini der 900er ein anderes Aussehen: die 900 SD Darmah (s. Foto u.re.), wahlweise mit oder ohne Super Sport-Halbverkleidung erhältlich, entsteht. Ihren Namen leiht sie sich von einem legendären Tiger. Diese sportliche und dennoch tourentaugliche Version der 900 SuperSport findet jedoch nicht bei allen Ducatisti großen Anklang. Noch im selben Jahr zieht sich Ducati aus dem Langstrecken-Rennsport zurück, wohl wissend, dass gegen Honda und deren brandneue RCB mit dem Ducati-V2 nichts zu beschicken ist. In der Fabrik in Borgo Panigale kommt es durch die steigende Nachfrage nach Dieselmotoren, die ja auch hier gefertigt werden, zu erheblichen Platzproblemen.

1977

Ducati landet auf dem Mailänder Salon einen Volltreffer: Die SL 500 Pantah (s. Foto u.) mit Desmodromik und Nockenwellenantrieb über Zahnriemen wird vorgestellt. Im Rennsport ruft die FIM indes für das kommende Jahr eine neue Rennserie ins Leben, die Tourist-Trophy-WM, und man beschließt, daran teilzunehmen.

1978

Mike „the Bike" Hailwood feiert ein sensationelles Comeback auf zwei Rädern. Mit einer voll verkleideten und grün-weiß-rot lackierten 900 SuperSport (s Foto) siegt er auf der Isle of Man und wird im gleichen Jahr auch TT-Weltmeister. In Bologna zelebriert man diesen Erfolg mit der Sonderserie 900 SS Hailwood Replica, die in der grün-weiß-roten Farbe des englischen Sport-Motorcycle-Teams von Hailwood lackiert ist.

1979

Ducati geht im neu gegründeten VM-Konzern auf, und der Anteil der bei DUCATI hergestellten Industriemotoren hat inzwischen 70% des Gesamtumsatzes erreicht. Ohne dieses Geschäft könnte die Firma wohl kaum überleben.

Beginn einer Ära

Die 750 Sport von 1971 gilt als der entscheidende Grundstein für die nachfolgenden und überaus erfolgreichen Super Sport-Modelle mit dem Königswellen-V2.

Die Geschichte der straßenzugelassenen Königswellen-V-Zweizylinder ist noch gar nicht so alt, ihr Beginn datiert aus dem Jahr 1970. Damals war auf den Straßen rund um Bologna ein merkwürdiges Motorrad zu beobachten, das auf den ersten Blick einer Mischung aus einer Aermacchi mit ihrem liegenden Zylinder und einer Einzylinder-Ducati mit ihrem stehenden Exemplar ähnelte. Wie die Erfahrung einiger zeitgenössischer Beobachter zeigte, verfügte das Motorrad über soviel Leistung, dass sogar einer Honda CB 750 Paroli geboten werden konnte, hinzu kam außerdem ein solch gutes Fahrwerk, dass den Honda-Straßenfahrern schon bange werden konnte. Insgesamt vier Motorenkonzepte, die alle über den 90 Grad-Zylinderwinkel verfügten, hatte Konstrukteur Fabio Taglioni entworfen. Einen wartungsarmen und preiswert herzustellenden Stoßstan-

Für Egoisten: Die Mitnahme einer Sozia gestattete der kleine Höcker der 750 S nicht. Schließlich war sie als Sportgerät für Solisten gedacht.

Schwarze Kunst: Bei den ersten Modellen der 750 S waren Motordeckel und Königswellen-Abdeckungen noch in Schwarz gehalten. Ab 1974 waren die Deckel poliert.

gen-Motor, eine Variante mit OHC-Zylinderköpfen jeweils einmal mit und ohne Desmodromik und - last but not least - eine scharfe Version mit drei Nockenwellen pro Zylinderkopf, die für 100 PS aus 750 cm³ Hubraum und 240 km/h Höchstgeschwindigkeit hätte gut sein sollen. Schließlich erwiesen sich die OHC-Varianten als bester Kompromiss sowohl für die Techniker als auch für die Kaufleute im Hause Ducati, und so ging der 90 Grad-V2 mit den mächtigen Königswellen auf der rechten Seite im Winter 1970/71 in Form der 750 GT in Produktion. Die neue Ducati wartete mit zahlreichen tech-

nischen Schmankerln auf. So wurde pro Zylinder eine obenliegende Nockenwelle via Königswelle und Kegelräder angetrieben, Bohrung und Hub von 80 respektive 74,4 Millimeter errechneten sich zu 748 cm³ Hubraum. Die Kurbelwelle bestand aus zwei mächtigen Wangen, die zusammen mit den Wellenstümpfen aus je einem Teil geschmiedet waren und mit einem gemeinsamen Hubzapfen für beide Pleuel miteinander verpresst wurden. Während die Hauptlager als große Kugellager ausgeführt waren, liefen die Pleuelfüße in Nadellagern. Während jedoch der Prototyp noch eine gerade Verzahnung für Primär-

Rank und schlank: Wären da nicht die beiden Conti-Tüten – man könnte die 750 S aus dieser Sicht glatt für eine Einzylinder-Maschine halten.

Welch ein Motorrad: Neben der späteren 750 SS gilt die 750 S bis heute als eine der schönsten Ducati. Die fehlende Halbschale steht ihr zudem ausgezeichnet. Wer wollte, konnte die Halbverkleidung aber erhalten.

und Kegelräder besaß, rüstete man die Serienmaschine mit spiralverzahnten Kegel- und schrägverzahnten Primärrädern aus, was insbesondere einer Reduzierung des Laufgeräusches zu Gute kam. Auf 8,5:1 verdichtet, leistete die 750 GT schließlich 60 PS an der Kurbelwelle.

War die GT als sportliches und gleichermaßen tourentaugliches Modell auch für den Zweipersonenbetrieb gedacht, sannen die Markt-Strategen bei Ducati aber noch nach einem sportlicheren Modell. Immerhin durfte ja der Rahmen eine rennsportliche Herkunft für sich in Anspruch nehmen. Der unten offene Stahlrohrrahmen, der den V2 als tragendes Element integrierte, war im Grunde ein weiterentwickeltes Seeley-Chassis, das der englische Fahrwerks-Papst Colin Seeley ursprünglich für die 500er-Renn-Ducati und ihren V2 geschaffen hatte.

Noch ohne Desmo: Der mit Ventilfedern bestückte V2 leistete 64 PS bei 7800/min und sorgte für sportliche und Ducati-gemäße Fahrleistungen.

So entstand bereits für 1972 das Modell 750 Sport, bei dem man das Fahrwerk ohne Änderungen von der 750 GT übernahm. Allerdings garnierten die Ducati-Techniker das Motorrad mit sportlicher Staffage, wie zum Beispiel einem Stummellenker, einer Einmann-Höckersitzbank und zurückgelegten Fußrasten. Überdies sorgten eine auf 9,0:1 angehobene Verdichtung und neue 32er-Dell'Orto-Verga-ser mit Beschleunigerpumpe und offenen Ansaugtrichtern für mehr Leistung. 64 PS bei 7800/min leistete der so modifizierte V2 nun in dieser Form, was sich in einer Höchstgeschwindigkeit von 205 km/h

Klassisches Cockpit: Tachometer, Drehzahlmesser und zwei tiefsitzende Lenkerstummel - viel mehr brauchten Sportfahrer vor 30 Jahren nicht.

Conti und Borrani: Charakteristisch für die Ducati der frühen 70er waren die Conti-Tüten sowie die Borrani-Hochschulterfelgen aus Leichtmetall.

niederschlagen sollte. Wie spätere Messungen jedoch ergaben, liefen nur wenige Exemplare schneller als 190 km/h. Dennoch: Mit der 750 S hatte Ducati der sportlich orientierten Klientel etwas feines zu bieten, wenngleich der Durchbruch für dieses Motorrad noch ein klein wenig auf sich warten lassen sollte.

Erst mit dem historischen Sieg von Paul Smart im April desselben Jahres in Imola steuerte die 750 S und damit auch Ducati in den Aufwind. Die Resonanz der Käuferschaft war gar so stark, dass sich die Rennabteilung entschloss, zunächst zulassungsfähige Replikas der Rennmaschine von Paul Smart herzustellen und unters fahrende Volk zu bringen. Für den Renneinsatz hatte die 750 S seinerzeit die desmodromische Ventilsteuerung und eine umfangreiche Motoren-Überarbeitung erhalten. 1973 schließlich lief diese Kleinserie, die später auf 411 Einheiten ausgeweitet wurde, in Form der 750 Super Sport von den Montagebühnen der Ducati-Rennabteilung. Zweifellos war der als »Roundcase« berühmt gewordenen 750 Super Sport, von der das nächste Kapitel in diesem Buch handelt, weitaus mehr Ruhm und Erfolg als der 750 S beschert. Doch die einfachere und ohne Desmodromik ausgerüstete 750 S gilt als ihre unmittelbare Vorgängerin — leicht zu identifizieren an ihrer gelb-schwarzen Lackierung. Auch dieses hier gezeigte Exemplar stammt aus der Sammlung von Richard Schlotz und wurde in den 90er Jahren im Rahmen einer aufwändigen Restaurierung praktisch komplett in den Neuzustand versetzt.

750 SPORT

Motor:	
Bauart:	4-Takt/90 Grad-V
Zylinderzahl:	2
Ventile je Brennraum:	2
Ventiltrieb:	OHC
Bohrung in mm:	80
Hub:	74,4
Hubraum in cm³:	748
Leistung in PS/ Nenndrehzahl in 1/min:	64 /7800
Gemischaufbereitung:	
Bauart/Anzahl:	Rundschieber/2
Hersteller:	Dell'Orto
Durchlass in mm:	32
Kraftübertragung:	
Getriebe/Anzahl Gänge:	Klauen/5
Fahrwerk:	
Reifen v/h:	3.25-18/3.50-18
Bremse v/Durchm. in mm:	Einzelscheibe/280
Bremse h/Durchm. in mm:	Trommel/200
Federweg v/h in mm:	130/90
Gewichte und Füllmengen:	
Leergewicht in kg:	203 (trocken)
Tankinhalt in Litern:	17
Höchstgeschwindigkeit in km/h:	190
Baujahre:	1972 - 1974

Concerto Grosso

Vor rund 25 Jahren schmetterte die Ducati 750 SS unverhohlen aus ihren Conti-Tüten, aber heute wie damals zieht die Fans des Königswellen-V 2 nicht nur die gewaltige Klangkulisse in ihren Bann

Wenn ihr ein Motorrad wollt, das nicht nur klasse aussieht, gut fährt und Leistung hat, sondern auch noch bis ins Detail funktionell gestaltet ist, kommt ihr an der Ducati 750 SS »Roundcase am Ende sowieso nicht vorbei«, lautete die Lobeshymne auf die Supersport-Maschine von Ducati anno 1974 – die Rede ist von der 1973 aus der Rennmaschine von Paul Smart entwickelten 750 SS, die ihren Beinamen von den wunderschönen runden Motorgehäusedeckeln bezog. Ducati ließ sich seine 750 SS immerhin mit stolzen 1,8 Millionen in italienischer Währung honorieren, und aus diesem Grunde und sicherlich auch wegen mancher Befürchtungen hinsichtlich der Zuverlässigkeit fuhren viele Motorradfahrer dann eben doch lieber Honda CB 750 oder Kawasaki Z1, was ja auch zumindest die Gier nach schierer Motorleistung leidlich befriedigte.

Gleichwohl die Reihenvierzylinder aus Fernost leistungsmäßig das Maß der Dinge darstellten, war aber weder im Topspeed-Bereich noch auf der Landstraße Land gegen den supersportlichen italienischen Zweizylinder von Ducati zu sehen. Mit 73 PS bei 8000/min Leistung angegeben, rannte die Ducati 750 SS bei Tests mit sagenhaften 217 durch die Lichtschranke. Schon möglich, dass gerade das für die Presse bereitgestellte Ducati-Exemplar seinerzeit »besonders sorgfältig präpa-

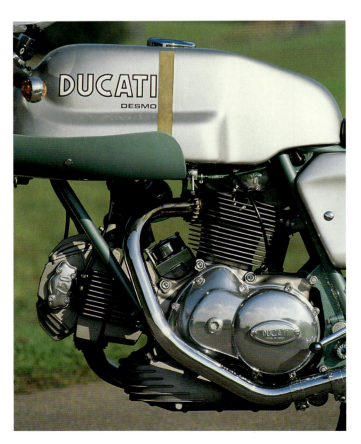

Berühmter Motor: Vom 750er-Roundcase-Triebwerk wurden nur wenige Exemplare gebaut. Der Motor lehnte sich wie die gesamte Maschine an den Imola-Racer von Paul Smart an.

*Aufwändig restauriert: Diese 750 Super Sport restaurierte Besitzer Richard Schlotz in mühevoller Heimarbeit.
Entsprechenden Genuss bereiten dem Ingenieuer heute gelegentliche Ausfahrten.*

riert« war, doch sei's drum: Schnell war die Zweizylinder-Maschine allemal. Weitaus weniger Gewicht – die Ducati brachte laut Angaben trocken 180 Kilogramm auf die Waage – sorgte überdies für Handlingvorteile in den Kurvenlabyrinthen der Landstraßen gegenüber den dicken japanischen Vierzylindern, und obendrein setzte der italienische Twin aus Bologna seinerzeit mit seinem steifen und spurstabilen Fahrwerk auch im Topspeed-Bereich die Richtmarke. Kein Wunder also, dass sich zahlreiche Motorrad-Fans in die schnelle, schlanke, aber auch teure Schönheit aus Bologna verliebten.

Im warmen, morgendlichen Sonnenlicht erstrahlt die Ducati 750 SS von Richard Schlotz aus Hohengehren bei den Fotofahrten zu diesem Buch in ihrem vollen Glanz. »Viel zu schade zum Fahren«, kommen-

Dolomiti Super-Ducs: Die Roundcase (hier das Exemplar von Ulrich Kolb) durfte in Begleitung einer Schnyder-Ducati sogar Ansaugluft im Hochgebirge schnuppern.

tiert ein eben vorbeikommender Passant kurz und knapp, jedoch nicht falsch den 1a-Zustand der Bologneserin. Geschätzte tausend Stunden verbrachte der Diplom-Ingenieur, im »richtigen Leben« bei DaimlerChrysler in der Entwicklungsabteilung für die S-Klasse tätig, mit der Restaurierung der berühmten V2-Maschine, bei der die Nockenwellen von je einer Königswelle angetrieben und die beiden Ventile pro Brennraum desmodromisch, also über

Öffnungs- und Schließhebel zwangsbetätigt werden. Konstrukteur Fabio Taglioni gelang mit dieser, schon bei zahlreichen früheren Ducati-Modellen verwendeten Technik zweifellos ein ganz großer Wurf, sowohl für die Straße als auch für den Rennsport, der sich im Falle der Desmodromik und des 90 Grad-V2-Konzeptes sogar bis heute gehalten hat. Auch die Ventile der aktuellen Ducati-Werksmaschinen werden über die geniale Hebel-Mimik

Fährt richtig gut: Obwohl mehr als 25 Jahre alt, kann die 750 SS von Ulrich Kolb im Fahrbetrieb auch heute noch voll überzeugen. Kolb widmete der Gabelabstimmung jedoch auch Zeit.

betätigt, und mit der 996 etwa errang der Engländer Carl Fogarty 1998 und 1999 seine dritte und vierte Superbike-Weltmeisterschaft. 1972, beim 200 Meilen-Rennen im italienischen Imola, schlug dagegen die große Stunde der Königswellen-Ducati. Der Engländer Paul Smart siegte vor seinem Markengefährten Bruno Spaggiari, und damit verwiesen beide die arrivierten Triumph-Dreizylinder, Werks-Norton und sogar eine Honda 750 in ihre Schranken.

Der Beleg für die Qualitäten der Taglioni-Konstruktion war erbracht, die Tiffosi waren begeistert. Und Ducati nahm den glorreichen Sieg postwendend zum Anlass, der euphorisierten Kundschaft sogar einen käuflichen und straßenzugelassenen Ableger der legendären Rennmaschine anzubieten.
Die Ducati 750 Super Sport, kurz 750 SS, war geboren, und im Vergleich zur Rennmaschine zollte der Serienableger der

*Sportlicher Arbeitsplatz:
Tachometer, Drehzahl-
messer, Zündschloss und
Kontrollleuchten dienen
zur Information, und die
Stummel liegen traditio-
nell tief montiert.*

*Trio Grande: Die Round-
case (rechts) in Beglei-
tung ihrer damaligen
Konkurrenten Laverda
750 SFC (links) und MV
Agusta 750 S.*

Klare Linie: Zweifellos niemand käme auf die Idee, an dieser betörenden Figur etwas zu ändern. Hier passt wirklich einfach alles.

Straßenzulassung nur in Details wie etwa einer Beleuchtungsanlage, wie bei der 750 Sport schräg anstatt gerade verzahnter und damit geräuschärmer laufender Kegelräder für die Königswellen oder einer unten verlegten Auspuffanlage (die Contitüten!) Tribut. Unschwer also zu verstehen, dass die 750 SS heute mehr denn je ein gesuchtes Liebhaberstück ist.

Wie wunderbar die 750 SS auch heute, im Zeitalter der 180 PS-Bikes, zu fahren ist, klärte eine dreitägige Ausfahrt in die Dolomiten. Dort fühlten wir der 750 Super Sport von Ulrich Kolb von Alpenpass zu Alpenpass auf den Zahn, und wie sich zeigte, steht der 750er-Antrieb in Punkto Fahrleistungen denen der neuzeitlichen und von Tuning-Experte Edgar Schnyder präparierten Ducati M 900 Monster (ab Seite 136) in keiner Weise nach. Fraglos ein weiterer Beleg dafür, wie weit die 750 SS damals ihrer Zeit voraus war.

750 SUPER SPORT	
Motor:	
Bauart:	4-Takt/90 Grad-V
Zylinderzahl:	2
Ventile je Brennraum:	2
Ventiltrieb:	OHC
Bohrung in mm:	80
Hub:	74,4
Hubraum in cm³:	748
Leistung in PS/ Nenndrehzahl in 1/min:	73/8000
Gemischaufbereitung:	
Bauart/Anzahl:	Rundschieber/2
Hersteller:	Dell'Orto
Durchlass in mm:	40
Kraftübertragung:	
Getriebe/Anzahl Gänge:	Klauen/5
Fahrwerk:	
Reifen v/h:	3.50-18/ 3.50-18
Bremse v/Durchm. in mm:	Doppelscheibe/280
Bremse h/Durchm. in mm:	Einzelscheibe/230
Federweg v/h in mm:	130/90
Gewichte und Füllmengen:	
Leergewicht in kg:	180 (trocken)
Tankinhalt in Litern:	19
Höchstgeschwindigkeit in km/h:	217
Baujahre:	1973/74

Formel Vau

Am 23. April 1972 siegte Paul Smart mit der Ducati 750 bei den 200 Meilen von Imola und schlug damit ein neues Kapitel in der Firmengeschichte von Ducati auf. Mit seinem V2-Konzept fährt das Bologneser Werk bis heute an der Spitze der Viertakt-Liga

Bis zu jenem erwähnten historischen Sieg von Paul Smart hatte Ducati sich vor allem als Hersteller kleinvolumiger Motorradmodelle einen Namen gemacht. Einen möglichen Konkurrenten für die im Motorradrennsport arrivierten Firmen wie etwa Honda, MV Agusta, Triumph oder Kawasaki sah kaum jemand in dem sich in staatlicher Hand befindlichen italienischen Motorrad-Werk. Paul Smarts Erfolg bei den 200 Meilen von Imola änderte diese Einschätzung jedoch schlagartig. Schließlich belegten er und sein Teamkollege Bruno Spaggiari dort die Plätze eins und zwei — in einem Rennen,

bei dem erstmals außerhalb der USA die großvolumigen Big-Bikes gegeneinander antraten. Heute, mehr als drei Jahrzehnte danach, zeigt ein Blick in die Siegerlisten der Superbike-Weltmeisterschaften der vergangenen Jahre, dass Smart und Ducati damals den Grundstein für den Siegeszug eines einmaligen Konzeptes im Motorradbau legten: den quer eingebauten 90 Grad-V2-Motor mit desmodromischer Ventilsteuerung.

Eigentlich wollte Paul Smart, der die Ducati 750 nach dem Sieg in Imola vom Werk geschenkt bekam, niemals irgendjemanden mit dem Werks-Renner fahren

Historisch wertvoll: Am 23. April 1972 siegte Paul Smart mit dieser Maschine bei den 200 Meilen von Imola vor seinem Teamkollegen Bruno Spaggiari.

lassen, doch für seinen Landsmann Alan Cathcart machte er eine Ausnahme. Vielleicht auch deshalb, weil Alan schließlich selbst einen der raren Serienableger dieser Maschine — eine 750 SuperSport »roundcase« — besitzt und auf ihr einst seine eigene Rennkarriere begann. Eine gewisse Seelenverwandtschaft und freilich der gute Leumund des englischen Journalisten mögen hier den Ausschlag gegeben haben. Jedenfalls fuhr die Smart-Maschine seitdem kaum mehr jemand — außer Paul Smart selbst. Begeben wir uns nun also zu unserem Testtermin ins englische Brands Hatch, der Rennstrecke, auf der die Maschine seinerzeit ihren letzten Sieg einheimste.

Neben vielen Erinnerungen, die Alan mit diesem Motorrad verbindet, prägte es vor allem seinen eigenen Fahrstil. »In der Produktions-Rennklasse, in der ich mit der optimierten Serien-Roundcase fuhr, war die Montage hochgelegter Auspuffe nicht erlaubt, und so hatte ich mit der relativ geringen Bodenfreiheit, bedingt durch die beiden Conti-Tüten, zu leben. Nach einigen Stürzen machte ich mir schließlich Paul Smarts Fahrstil zu eigen, der seiner Werks-Ducati mit dem Hanging-Off-Fahrstil etwas mehr Kurvengeschwindigkeit bei gleicher Schräglage erlaubte. Jahre später, in der modernen Ära des Motorradsports, wurde mir dies zunutze, und ich vermied die bis dahin zahlreich an den Knien durchgeschliffenen Lederkombis durch Verwendung primitiver Knieschleifer«, erinnert sich Alan, bevor er auf diese Ikone des Motorradsports steigt.

Zwei Tage vor diesem Testtermin hatte

Damals beachtliche Werte: Nur 163 Kilogramm wog die 750er und leistete beachtliche 84 PS bei 8800/min.

Hoch, die Tüte: Der Auspuff des hinteren Zylinders war nach oben verlegt. Zu oft hatte der vormals nach unten verlegte Krümmer in Schräglage aufgesetzt und die Maschine gefährlich ausgehebelt.

Moment mal: Der Königswellen-V2 beeindruckte nicht nur mit viel Spitzenleistung, sondern vor allem mit enormem Drehmoment. Das machte ihn den Vierzylindern damals ebenbürtig.

Alans Mechaniker Alistair Wager zusammen mit Paul Smart die Ducati wieder rennfertig gemacht — schließlich war sie viele Jahre lang überhaupt nicht mehr gelaufen. »Als ich nach einigen Runden bei Start und Ziel vorbeidonnere, setzen plötzlich heftige Fehlzündungen ein. Oh nein — ich hab' sie kaputt gemacht«, berichtet Alan von seinen ersten Eindrücken der ersten Aufwärmrunden. Dann war es aber doch nur die Batterie, die offenbar nicht mehr ganz so frisch war, wie sie sein sollte. Ein rascher Wechsel des Energiespeichers lässt die 750er wieder zuverlässig rennen, und Paul Smart erklärt: »Das war stets die Achillesferse der Ducati. Zweimal ist es mir im Rennen passiert, dass sie mit solchen Fehlzündungen anfing. Eine große, starke Batterie war also unbedingt notwendig.«

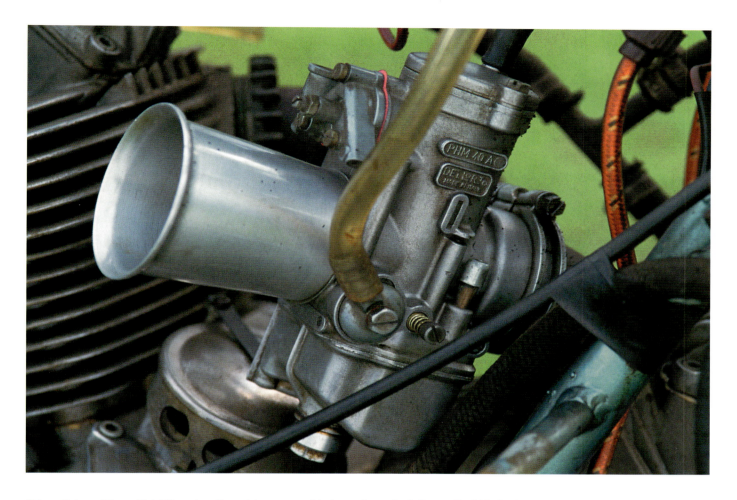

Die wilden 40er: 40 Millimeter Durchlass gewährten die mächtigen Dell'Orto-Vergaser mit Beschleuniger-pumpen und sorgten für eine effiziente Aufbereitung brennbaren Gemisches.

Versuch Nummer zwei klappt schließlich perfekt, und die Ducati donnert wie in ihren besten Tagen. Obwohl in dem Königswellen-Twin die scharfen Imola-Nockenwellen laufen, glänzt der V2 schon ab 3000 Umdrehungen pro Minute mit dem Durchzugsvermögen eines Traktors, und die offenen Renn-Megaphone entlassen ein wahres Donnergrollen ins Freie. Kein Leistungsloch verunstaltet das Drehzahlband bis hinauf zum Limit von 8500/min, satt und stark zieht der V2 an der Kette.

Für den Test haben Alan und Paul ein Drehzahllimit von 8000/min vereinbart, doch die Ducati signalisiert selbst einige hundert Umdrehungen darüber, dass sie eigentlich lieber weiterdrehen will. Vor allem beeindruckt aber die Beschleunigung des 163 Kilogramms schweren 750er-Brenners aus den Kurven heraus, die durch die

Paul in Brands: Extra für den Fahrbericht traf sich Ducati-Rennlegende Paul Smart mit Alan Cathcart in Brands Hatch. »Normalerweise lasse ich niemanden fahren«, erklärte er.

In Druids Bend: Alan Cathcart auf dem Imola-Racer in der berüchtigten 180 Grad-Kehre auf dem Kurs im englischen Brands Hatch.

40 Millimeter-Dell'Orto-Vergaser mit ihren Beschleunigerpumpen maßgeblich unterstützt wird.

Dank des immens langen Radstandes von 1520 Millimeter ist die Gefahr, dabei das Vorderrad heftig in die Luft zu reißen, jedoch überaus gering. Der Fahrer kann sich voll und ganz auf den Einsatz der 84 PS Motorleistung konzentrieren, die der Motor bei 8800/min und damit 800 Umdrehungen über der auf dem Veglia-Drehzahlmesser markierten Schaltdrehzahl abgibt. Enorme Sicherheit beim Gasaufziehen vermitteln kurvenausgangs auch die extra für diesen Test montierten Pirelli-Reifen moderner Bauart. »Die originalen Dunlop-Diagonalreifen, die ich seinerzeit im Rennen fuhr, sind mittlerweile doch etwas arg ausgehärtet, und das wollte ich Alan nicht zumuten«, erklärt Paul Smart dazu.

Insgesamt erscheint die Smart-Ducati in ihrem Fahrverhalten nicht soviel anders als die Straßen-750 SS, mit einer Ausnahme jedoch. Sie lässt sich etwas schwerfälliger in Schräglage bringen, als es Alan von seiner Roundcase gewohnt ist. Verantwortlich hierfür sind die etwas kürzeren hinteren Federbeine, die den ohnedies schon langen Nachlauf noch um einige Millimeter verlängern. Es ist freilich richtig, dass die Ducati – und zwar bis hin zu den Modellen heutiger Tage – stets so angelegt waren, dass sie langgezogene, schnelle Kurven, am besten noch mit Bodenwellen gespickt, besonders liebten, doch im Falle der Smart-Ducati ist dies doch des Guten zuviel. Das Motorrad will geradezu herumgewuchtet werden und fordert vom Fahrer das ganze Muskelschmalz. Hinzu kommt, dass die beiden hinteren Federbeine für Alans Fahrergewicht viel zu weich abgestimmt sind, was auch dazu führt, dass er in Rechtskurven besonders aufpassen muss, nicht vom aufsetzenden Auspuff ausgehebelt zu werden. Doch die Problematik mit den aufsetzenden Auspuffen ist einem Ducati-Königswellen-Piloten ohnehin nicht fremd.

Etwas gewöhnungsbedürftig ist die Bedienung des Gasgriffs, der deutlich dicker als handelsübliche Exemplare erscheint. Paul hatte seinerzeit – wie bei allen seinen Motorrädern – den Gasgriff mittels einem zerschnittenen Fahrradschlauch aufgedickt, um ihn besser bedienen zu können. Damit kompensierte er die eingeschränkte Beweglichkeit seines rechten Handgelenkes, das er sich bei den North-West 200, einem berühmten Motorradrennen in Irland, 1971 kompliziert brach. So original wie der Gasgriff ist das ganze Motorrad mit all seinen Spuren, die der Renneinsatz seinerzeit hinterlassen hat. Der primitive Zündschalter hinter dem rechten Fuß, das Flatterventil für die Kurbelhaus-Entlüftung oder der berühmte Klarsichtstreifen des Glasfaser-Tanks zur visuellen Kontrolle des Benzinstands. Und Alan Cathcart schließt diesen Testtag mit den Worten: »Dem lieben Gott sei Dank, dass Paul nie auf die Idee kam, die Ducati zu restaurieren, die ihn vor mehr als einem Vierteljahrhundert zu seinem berühmtesten Sieg trug. Mehr als jedes andere Motorrad, das ich jemals fahren durfte, verströmt Paul Smarts Imola-Racer wirklich Geschichte auf zwei Rädern. Den Beginn einer Erfolgsstory nämlich, die bis in die heutigen Tage immer wieder neu erzählt wird.«

750 SS RACING

Motor:	
Bauart:	4-Takt/90 Grad-V
Zylinderzahl:	2
Ventile je Brennraum:	2
Ventiltrieb:	OHC
Bohrung in mm:	80
Hub:	74,4
Hubraum in cm³:	748
Leistung in PS/ Nenndrehzahl in 1/min:	84/8800
Gemischaufbereitung:	
Bauart/Anzahl:	Vergaser
Hersteller:	Dell'Orto
Durchlass in mm:	40
Kraftübertragung:	
Getriebe/Anzahl Gänge:	Klauen/5
Fahrwerk:	
Reifen v/h:	110/90-18/ 120/80-18
Bremse v/ Durchm. in mm:	Doppelscheibe/280
Bremse h/ Durchm. in mm:	Einzelscheibe/240
Federweg v/h in mm:	120/65
Gewichte und Füllmengen:	
Leergewicht in kg:	163 mit Öl, ohne Benzin
Tankinhalt in Litern:	17
Höchstgeschwindigkeit in km/h:	250
Baujahr:	1972

Mike's Bike

Mike »the Bike« Hailwood kehrte 1978 nach langjähriger Renn-Abstinenz und einem Abstecher in die Automobil-Formel 1 in den Motorrad-Rennsport zurück. Mit der Ducati 900 TT1 gewann er die Formula 1-TT auf der Isle of Man. Alan Cathcart durfte den Königswellen-Boliden bewegen.

D er 3. Juni 1978 ist fraglos ein Tag, der in die Motorrad-Geschichte einging und über den genügend berichtet und geschrieben wurde. Es war der Tag, an dem die Renn-Legende Mike Hailwood in den Renn-Zirkus zurückkehrte und damit zahlreiche Bücher und Zeitschriften füllte. Viel wurde vermeldet, aber nicht alles. Auch nicht von seinem Leib- und Magen-Biographen »Champagne Ted« Macauley, der sich eingehend mit dem Leben Hailwoods befasste. »Mike the Bike's« fantastisches Comeback auf der Isle of Man, bei dem er auf seiner Ducati 900 in neuer Rekordzeit die Werks-Hondas im TT-Formel 1-Rennen düpierte, fand elf Jahre nach seiner letzten Teilnahme an einem internationalen Wettbewerb statt. Ein Grund mehr, weshalb dieser Sieg einen festen Platz in der Rennsport-Geschichte bekam und heute noch zu den Stammtisch-Gesprächen zählt.

Autor Alan Cathcart hing damals mit langem Hals über dem Zaun im Streckenabschnitt Creg-ny-Baa und wollte seinen Lieblings-Rennfahrer auf seinem Lieblings-Motorrad fahren sehen. Hätte ihm damals allerdings jemand gesagt, dass Hailwood erstens gewinnen würde und Cathcart selbst rund 20 Jahre später exakt dieses Motorrad würde für einen Test

Der Mann im Hintergrund: Steve Wynne bereitete das TT-Motorrad für Mike Hailwood einst vor und kennt alle Geheimnisse, die sich um dieses legendäre Renn-Motorrad ranken.

1978 der absolute Hammer: Aus 883 cm³ Hubraum schöpfte der Königswellen-V2 87 PS bei 9000/min am Hinterrad.

bewegen dürfen — der britische Journalist hätte jene Propheten sicherlich eines Sonnenstichs oder des übermäßigen Konsums von Manx Ale bezichtigt.

Ein besonderer Dank gilt deshalb den beiden heutigen Besitzern der originalen Hailwood-Maschine, den amerikanischen Brüdern Mark und Larry Auriana sowie dem Mann, der damals Mikes Heldentat erst ermöglichte: Steve Wynne. Mit dieser Testfahrt ging nicht nur der Traum eines jeden Ducatista in Erfüllung, sondern sie lieferte auch Antworten auf eine ganze Reihe von bisher offenen Fragen. Alan Cathcart war damals jedoch nicht nur als außenstehender Beobachter dabei. In der Manx-Trainingswoche der 78er-TT blies Hailwood

mit seiner Ducati in die Schoolhouse-Kurve in Ramsey hinein, als er einen weitaus langsameren Fahrer überholte und ihm mit der linken Hand dabei lässig zuwinkte. Er winkte keinem anderen als Cathcart, der auf dem schlüpfrigen Untergrund dieses Kurvengeschlängels unterdessen gut mit sich zu tun hatte und kaum fassen konnte, dass ihm sein Idol ein Zeichen gab und zudem auch kaum begriff, wie die Hailwood-Ducati praktisch wie auf Schienen durch diese Kombination eilte. Das

Voll auf die 12: Mit der legendären Startnummer 12 siegte Mike Hailwood bei seinem Comeback 1978 bei der TT auf der Isle of Man.

Ducati-Fahrwerk schien die kleinen Unzulänglichkeiten, die der Manx'sche Asphalt zu bieten hatte, förmlich mit einem leidenschaftslosen Achselzucken wegzustecken. »Wow!«, dachte sich Cathcart und »So etwas sollte man mal fahren dürfen«, schoss es ihm in den Kopf. Und 20 Jahre danach durfte er tatsächlich. Zweifellos ein Highlight in seinem Leben.

Möglicherweise war die Anwesenheit der beiden Werks-Mechaniker Franco Farnè und Giuliano Pedretti damals schuld daran, dass Steve Wynne in den Augen zahlreicher Beobachter nicht die verdiente Aufmerksamkeit und gerechte Würdigung seiner Arbeit erfuhr. Er war es, der die Ducati soweit brachte, die Werks-Hondas zu schlagen. Insbesondere als Ducati wenig später die straßenzugelassenen Hailwood Replikas auf den Markt brachte, betonte das Bologneser Werk stets, dass Hailwood auf einer im Werk präparierten Maschine in Tricolore-Farbgebung gewonnen habe. Wohl ist richtig, dass im allerletzten Moment vor dem Rennen ein italienischer Werks-Motor ins Chassis gesetzt wurde, doch Tatsache ist auch, dass Steve Wynne die beiden 900 TT1 damals für sein Sports Motorcycles Team und die beiden Fahrer Mike Hailwood und Roger Nicholls kaufen musste, und er war es auch, der sie in den Farben rot und grün lackierte — den Farben von Hailwoods Hauptsponsor Castrol! Zudem verfügte die Hailwood-Ducati über einige wesentliche Änderungen, die Wynne gegenüber den originalen Semi-Werksmaschinen vornahm. Diese Änderungen blieben ihr bis heute erhalten, und so präsentiert sich die 900 TT1 exakt in jenem Zustand, wie sie Mike Hailwood 1978 bei seinem Sieg in Mallory Park eine Woche nach seinem grandiosen TT-Erfolg nochmals fuhr.

Seinerzeit unterhielt Ducati im Werk keine eigene Rennabteilung, und so entstanden beide Motorräder bei der Scuderia NCR, die einen etwas größeren Steinwurf weit entfernt vom Werk saß. Ihre Basis bildeten die NCR 900-Langstrecken-Rennmaschinen mit 20 der alten, noch im Sandgussverfahren hergestellten Rundmotor-Gehäusen, die mit zusätzlichen Versteifungen versehen wurden, wie es das damalige Formel 1-Reglement auch gestattete. Die Gehäuse wurden zudem so geändert, dass sie auch eine einschraubbare Ölfilter-Patrone im Stile des späteren Pantah-Zahnriemen-Motors aufnehmen konnten, und sie erhielten ein eng gestuftes Fünfgang-Renngetriebe sowie eine Trockenkupplung mit einem leichten Magnesium-Deckel. Als Steve Wynne die Triebwerke im Spätjahr

Basis Roundcase: Die raren Sandguss-Motorgehäuse der 750 SuperSport bildeten die Basis für den 883er-Twin der Hailwood-Maschine.

1977 erhielt, zerlegte er sie zunächst bis in die letzte Schraube, um sie dann gemäß der TT-F1-Spezifikationen zusammenzubauen. Dies umfasste unter anderem das Aufbohren der wunderschön polierten Standardpleuel sowie der Kurbelwangen, um den Einsatz eines größeren Hubzapfens und größerer Rollenlager zu ermöglichen. Dies sollte die Achilles-Ferse des Königswellen-V2 kurieren, die sich in der Vergangenheit so oft in Form eines Motor-Kollaps in Form von Pleuellagerschäden zeigte, wurde der V2 beständig über 8000/min gedreht.

Zudem ersetzte Steve Wynne die NCR-Kolben mit 86 Millimetern Durchmesser durch 87 Millimeter messende Exemplare des amerikanischen Herstellers Venolia,

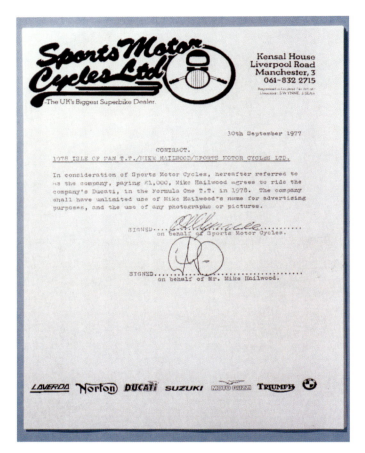

Von wegen Reichtum: Hier der Vertrag, den Mike Hailwood für den damaligen Einsatz mit Steve Wynne schloss. Das Salär mutet unter heutigen Maßstäben buchstäblich ärmlich an.

einander abgestimmt waren, zeigte sich der Ducati-V2 nun drehzahlfest und vor allem zuverlässig bis 9500/min. Mike Hailwood behauptete sogar, das Triebwerk eine Woche nach seinem TT-Erfolg beim Kurzstrecken-Rennen im englischen Mallory Park bis 10500/min gedreht zu haben und damit auf einem Kurs zu siegen, für den die japanische Vierzylinder-Konkurrenz eigentlich weitaus besser gerüstet schien als er mit seiner langen, schmalen und eher drehzahlfaulen Ducati. Doch 87 PS am Hinterrad bei 9000/min auf Steve Wynnes Prüfstand waren zu jener Zeit auch im Vergleich zu den japanischen Vierzylindern eine Menge Leistung, und die gewaltigen Fahrleistungen sowie die Problemlosigkeit der Hailwood-Ducati in den Renneinsätzen sprachen nicht nur für das Bologneser Desmo-V2-Konzept, sondern eben vor allem für die glänzende Vorbereitung durch Steve Wynne. Nicht ein einziger mechanischer Schaden trat während der vielen Runden unter Mike Hailwood bei den Renn-Veranstaltungen auf.

Die enorme Spitzenleistung wurde vor allem durch die Werks-Zylinderköpfe ermöglicht, die über 60 Grad Ventilwinkel verfügten, wohingegen die Serien-Motoren 72 Grad aufwiesen. Größere Ventile - einlassseitig 43,5 statt 39 sowie auslassseitig 39,5 statt 36 Millimeter, verglichen mit einer Serien-900er – sorgten zusammen mit den »Super-Imola«-Nockenwellen und ihrem 12,5 Millimeter großen Einlass-Hub für erheblich gesteigerten Gasdurchsatz. Zudem änderte Wynne die Verzahnung der Nockenwellen-Kegelräder, die dadurch eine einfache Verstellbarkeit der Steuerzeiten

wie sie bereits Cook Neilson bei seinem Daytona-Sieg 1977 mit der »California Hot Rod«-Ducati einsetzte. Diese Kolben sorgten schließlich nicht nur für 883 cm³ Hubraum, sondern auch für eine auf 11:1 angehobene Verdichtung.

Nachdem sämtliche Bauteile wie Kolben, Pleuel und Kurbelwelle in Punkto Wuchtmassen und Wuchtungsgrad wieder auf-

ermöglichte. Weiterhin montierte Wynne eine elektronische Lucas Rita-Magnetzündung mit 36 Grad Frühzündung bei 6000/min, wohingegen er — gemäß den TT1-Regeln — die beiden Dell'Orto-Vergaser vom Typ PHM 40 im Serienzustand belassen musste. Jedoch erlaubte ihm das Reglement, die Ansaugtrichter auf die gewünschte Länge zu kürzen und die Beschleunigerpumpen auszubauen. Letzteres deshalb, um in dem auf der Isle of Man sehr wichtigen Teillastbereich für einen weicheren Motorlauf zu sorgen.

Als Hailwoods Teamgefährte Roger Nicholls schließlich im Oktober 1977 beim Inter-Rennen in Brands Hatch gleich beim Start die Kupplung verbrannte, rüstete Wynne Federn aus der 450er-Einzylinder nach. Das bekannte Problem des herausspringenden vierten Ganges versuchte Wynne mittels Überarbeitung der drei Mitnehmerzapfen des Gangrades zu kurieren, was jedoch nicht funktionierte. Deshalb ließ Mike Hailwood seine guten Kontakte aus der Automobil-Formel 1-Zeit spielen, und so fertigte schließlich die Firma Hewland Gears ein ganz spezielles, eng gestuftes Renngetriebe, das völlig problemlos funktionierte und bis heute in der Maschine eingebaut ist.

Obwohl Alan Cathcart als alter Ducati-Fan nie eine der später in Serie gebauten und für die Straße zugelassenen Hailwood Replicas besaß, hegte er gegenüber diesem Motorrad stets einige Vorurteile. »Sie war der Motorrad gewordene Triumph des Stylings über die renntechnische Ingenieurskunst«, sagte er stets. Also keineswegs eine waschechte Ableitung dessen, was

Rank und schlank: Die eng anliegende Vollverkleidung verhalf Hailwood auf der Isle of Man zu gemessenen 259 km/h Höchstgeschwindigkeit.

Hailwood seinerzeit fuhr — ganz das Gegenteil zur einstigen 750 Super Sport also, die sehr wohl von Paul Smarts legendärer Rennmaschine abgeleitet war.

Nachdem er das Hailwood'sche Original nun gefahren hatte, konnte er diesem Vorurteil allerdings eine völlig neue Qualität verleihen. Den stärksten Eindruck, den die Hailwood-Rennmaschine nämlich hinterlässt, ist ihre Nähe zu dem, was Ducatisti auch auf dem straßenzugelassenen Ableger erleben.

So ist die Sitzposition ausgesprochen bequem, und auch die Fahreindrücke unterscheiden sich nicht gravierend von denen der Replica. Wäre da nicht der an Stelle des Scheinwerfers montierte Ölkühler und der einsam und doch so dominierend im Cockpit untergebrachte Veglia-Drehzahlmesser, so könnte diese Ducati beinahe jede x-beliebige, vollverkleidete Bologneserin dieser Tage sein. Der Fahrer wähnt sich eher auf einem modifizierten Straßenmotorrad als auf einem waschechten Superbike Baujahr 1978. Das klingt nicht zuletzt deshalb sehr überraschend , da der Rahmen ein ganz spezielles Leichtbau-Exemplar aus dem Hause Verlicchi ist und aus hochwertigem und dünnwandigem Chrommolybdän-Stahlrohr auf denselben Rahmen-Lehren wie die Serien-Fahrwerke gefertigt wurde. Nur scheinbar serienmäßig präsentiert sich auch die Schwinge, die jedoch für die Aufnahme eines breiteren Hinterrades konstruiert wurde. Heute, gut 20 Jahre nach Hailwood, sind für den Test in Mallory Park jedoch keine Dunlop-Rennreifen, sondern Avon-Exemplare montiert. Zweifellos stellen sie im heutigen Veteranen-Rennsport eine besonders gute Reifen-Wahl dar.

Fast schon als Geschenk des lieben Gottes verbuchten sämtliche Ducati-Rennfahrer der damaligen Zeit die Girling-Gasdruck-Federbeine. Sie ersetzten die störrischen Marzocchi-Exemplare, mit denen die Hailwood-Ducati dereinst bei Steve Wynne eintraf und mit denen auch zahlreiche andere Ducatisti oft kämpften. Die Girling-Einheiten verbesserten die Handlichkeit und erlaubten in diesem Zusammenhang eine starke Anhebung des Hecks, was zugleich für deutlich mehr Bodenfreiheit sorgte. Vor allem aber der Zugewinn an Handlichkeit ist auf der Hailwood-Ducati deutlich zu spüren und lässt den gewaltigen Radstand von 1500 Millimetern nahezu völlig vergessen.

Mike Hailwood bevorzugte tief montierte Lenkerstummel, fast wie bei einem 125er-Grand Prix-Renner, und so fällt es leicht, sich komplett und damit aerodynamisch hinter der Verkleidung zusammen zu falten. Im Zusammenspiel mit dem höher gestellten Heck fällt die Sitzposition damit nicht ganz so gestreckt aus wie bei einer herkömmlichen 750er oder 900er Super Sport. Zudem liegen die Fußrasten etwas weiter hinten sowie unten, und das dicke Polster auf dem Rennhöcker rückt den Oberkörper des Fahrers etwas weiter nach vorn, was die statische Gewichtsverteilung des »nackten« Motorrads von 48 Prozent vorne zu 52 Prozent hinten im Fahrbetrieb zu kaschieren hilft.

Seit seinem Unfall im Formel 1-Rennwagen auf dem Nürburgring 1974, der gleichzeitig das Ende von Hailwoods Formel 1-Karriere bedeutete, behinderte ihn die damals erlittene Verletzung an seinem rechten Bein zeitweise erheblich, und so musste sich der an die Rechtsschaltung gewöhnte Engländer für sein Comeback auf der TT1-Ducati auf die Linksschaltung

Ein Traum wurde wahr: 20 Jahre nach dem Sieg Hailwoods durfte Alan Cathcart den legendären Renner im englischen Mallory Park testen.

umgewöhnen, die technisch über ein um-gelenktes Gestänge realisiert wurde. Den aus demselben Grunde tiefer montierten

Rasten zollte Mike Hailwood bei seinem Sieg in Mallory Park jedoch schmerz-haft Tribut. Sohle und Leder seines rech-ten Stiefels waren komplett durchgewetzt, und schließlich lief er im Ziel mit bluten-den Zehen ein. Obwohl während seiner vielen Jahre auf Renn-Ducatis nie derart heldenhaft, konnte Alan Cathcart an jenem Test-Tag in Mallory Park aber nicht umhin, den großen Meister diesbezüglich etwas zu imitieren. Nicht einmal die hochwertigen Kushitani-Kunststoff-Protektoren vermochten zu verhindern, dass Alan's Stiefel nach 40 Runden durchgewetzt waren. Blut spritzte glücklicherweise jedoch nicht – aber Alan Cathcart ist ja auch nicht Mike Hailwood.

Vor Antritt einer Testfahrt spielen sich so manche Erwartungen im Kopf des Fahrers ab. So erwartete Cathcart die erfahrungsgemäß vorliegende große Kraft im unteren und mittleren Drehzahlbereich - und er wurde nicht enttäuscht. Mit gewaltigem Druck schiebt die Hailwood-Maschine auch aus den engen Kurven bei niedriger Drehzahl heraus ohne zu Verschlucken an. Überraschend hingegen ist der Appetit des 883 cm³ großen V2 auf hohe Drehzahlen. Ab 7000/min stürmt der Desmo-Twin mit unglaublicher Leichtigkeit, untermalt von einem härter werdenden, wohl klingenden Auspuff-Ton voran, und die Nadel des Veglia-Drehzahlmessers peilt eilends den fünfstelligen Bereich an. Vor allem die Drehfreude oben herum vermochte nicht einmal die Paul Smart-Rennmaschine zu erreichen, die zwar kaum schwächer als die Hailwood-Maschine war, jedoch über nur 750 cm³ Hubraum verfügte. Die Herren Nepoti und Carrachi von NCR haben hier seinerzeit offenbar eine Menge guter Arbeit geleistet, als sie die Innereien des 900-Motors kreierten. Nicht zu vergessen Steve Wynne, der all dies noch verfeinerte und glänzend vorbereitete.

Ein Genuss ist freilich auch die Betätigung des Hewland-Getriebes, das tadellos gestuft ist und das Hochschalten ohne Kupplung mühelos gestattet. Die 87 PS, die maximal am Hinterrad anliegen, werden so stets in gewaltigen Vortrieb umgesetzt, und zumindest für Alan Cathcart, der die allermeisten der bologneser Desmo-Twins wie seine Westentasche kennt, stellt der Hailwood-Motor im Trimm von Steve Wynne das potenteste aller Königswellen-Aggregate dar. Mehr als jeder andere Ducati-V2 dieser Ära schiebt dieses Triebwerk oberhalb von 7000/min, dass es eine wahre Pracht ist.

Dem vehementen Vortrieb des V2 zur Seite gesellt sich indes ein Fahrwerk mit seinen ganz spezifischen Eigenheiten. Der lange Radstand sorgt einerseits für ganz enorme Fahrstabilität, doch besonders ausgangs der Kurven neigt die Ducati stark zum Untersteuern, und mit Kraft will sie auf Kurs gehalten werden. Tritt dann noch eine Bodenwelle hinzu, schlägt sie trotz des montierten und stramm eingestellten Kawasaki-Lenkungsdämpfers kurz mit dem Lenker. Zudem will sie in den engen Wechselkurven von Mallory Park mit Macht von Seite zu Seite gewuchtet werden. Als Hailwood seinerzeit das Rennen in Mallory Park gewann, sah das alles furchtbar leicht aus. Fraglos ist die Hailwood-Ducati für einen derart winkligen Kurs aber denkbar ungeeignet. Umso größer daher die Hochachtung für Mike Hailwood's Sieg hier, eine Woche nach seinem TT-Erfolg. Diese Ducati ist fürwahr Helden-Material. Last but not least seien die Bremsen erwähnt, und hier vermag die Ducati sogar in Mallory Park dicke Pluspunkte zu verbuchen. Die großen Zweikolben-Festsättel von Brembo verzögern zusammen mit den Guss-Scheiben praktisch von selbst, und so sind selbst heute noch Brems-manöver möglich, gegen die moderne Sportmaschinen kaum besser aussehen. Zudem erlaubt die desmodromische Ventilsteuerung geradezu gewalttätiges Herunterschalten, ohne dabei ein zerborstenes Ventil zu riskieren. Dottore Ingegnere Taglioni sei Dank. Weniger empfehlenswert ist hingegen der Gebrauch der hinteren Scheibenbremse. Sie sorgt lediglich für ein wild stempelndes Hinterrad, und »Mike benutzte sie auch nie«, wie Steve Wynne heute erzählt.

Im Jahr 1982, etwas mehr als ein Jahr nachdem Mike Hailwood und seine junge Tochter bei einem unverschuldeten Verkehrsunfall ihr Leben ließen, machte sich Alan Cathcart daran, in Donington zusammen mit Rennstrecken-Betreiber Tom Wheatcroft ein Hailwood-Treffen zum Gedenken an den Rennfahrer zu organisieren. Viele Stars kamen, darunter Read, Taveri, Anderson sowie Surtees, für den Hailwood erfolgreich Autorennen gefahren hatte. Und es strotzte im Fahrerlager natürlich von Rennmaschinen, die Mike Hailwood einst bewegte. Nur eine fehlte. Die siegreiche TT1-Ducati von 1978. Sie stand hinter verschlossenen Türen in Japan. Erst gut 20 Jahre, nachdem »Mike the Bike« mit ihr seinen vielleicht glanzvollsten Sieg errang, durfte sie dank der Großzügigkeit der Auriana-Brüder wieder auf englischem Asphalt bellen und sogar um den TT-Kurs donnern. Dem hätte Mike Hailwood sicherlich sofort zugestimmt.

900 TT1

Motor:

Bauart:	4-Takt/90 Grad-V
Zylinderzahl:	2
Ventile je Brennraum:	2
Ventiltrieb:	OHC
Bohrung in mm:	87
Hub:	74,4
Hubraum in cm³:	883
Leistung in PS/ Nenndrehzahl in 1/min:	87/9000 (am Hinterrad)

Gemischaufbereitung:

Bauart/Anzahl:	Vergaser
Hersteller:	Dell'Orto
Durchlass in mm:	40

Kraftübertragung:

Getriebe/Anzahl Gänge:	Klauen/5

Fahrwerk:

Reifen v/h:	110/80-18/ 130/50-18
Bremse v/Durchm. in mm:	Doppelscheibe/280
Bremse h/Durchm. in mm:	Einzelscheibe/280
Federweg v/h in mm:	120/80

Gewichte und Füllmengen:

Leergewicht in kg:	163 mit Öl, ohne Benzin
Tankinhalt in Litern:	k.A.

Höchstgeschwindigkeit in km/h:	259 (I.o.M. 1978)

Baujahre:	1977

Kapitel 5:

Die 80er Jahre

1981 stellte Ducati eine Rennmaschine auf Basis der Serien-Pantah vor: Sie hieß TT2 (s. Fotos) und verfügte über einen extrem leichten, lediglich sieben Kilogramm leichten Gitterrohrrahmen. Die Gabel stammte von Marzocchi, die hintere Cantilever-Schwinge war mit einer hochfeinen Paioli-Einheit bestückt. Die TT2 rollte auf ultraleichten Campagnolo-Rädern mit 18-Zoll-Durchmesser, später

den WM-Titel in dieser Kategorie sicherte. Am Ende der Saison war Massimo Broccoli der Titel in der nationalen Rennserie auf einer TT2 nicht zu nehmen. 1982 gingen nationaler wie internationaler Titel wieder an Ducati und die TT2, ebenso in den Jahren 1983 und 1984.

kam ein 16-Zoll-Vorderrad. Verzögert wurde über eine Brembo-Anlage mit vorderer 280-mm-Doppelscheibe. Der Motor wurde auf das maximal zulässige Maß von 597 Kubikzentimeter vergrößert. Die TT2 gehörte zu den zierlichsten Rennmaschinen überhaupt. Inzwischen hatte der Brite Tony Rutter mit der Pantah 500 SL die Tourist Trophy gewonnen. Ducati ergriff die Gelegenheit und gab ihm für das Ulster-Rennen eine TT2. Tony beendete das Rennen auf dem zweiten Platz, was ihm

Turbulent ging es auch hinter den Kulissen zu. Die Ducati-Muttergesellschaft VM beschloss, sich von ihrer sportlichen Tochter zu trennen. Ein Käufer für die renom-

mierte Marke war schnell gefunden: Am 1. Juni 1983 wurde der Zusammenschluss von Cagiva und Ducati verkündet. Cagiva, 1977 durch die Brüder Claudio und Gianfranco Castiglioni gegründet und in den ehemaligen Aermacchi-Werkshallen in Varse beheimatet, versprach sich davon den Schritt hin zu »richtigen« Motorrädern, die die Abhängigkeit von den 125ern, dem Hauptgeschäft, mildern sollten. Erstes Modell der neuen Partnerschaft war die Cagiva 650 »Alazurra«, eine Pantah mit neuem Design. Der Verkauf lief nicht besonders, so dass es sich nicht lohnte, auf den Gehäusedeckeln die Schriftzüge zu ändern: Dort stand nämlich immer noch »Ducati«.

Auf der anderen Seite zierte das Cagiva-Markenzeichen, ein pummeliger Elefant, jede neue Ducati. So auch die 750 F1 (s. Foto o.) von 1985, Taglionis letzte Entwicklung für Ducati. Noch einmal hatte er alle Register seines Könnens gezogen und eine der heute am meisten gesuchten Zweiventil-Ducati der Neuzeit geschaffen. Die Basis bildete der Pantah-Zahnriemenmotor mit 61,5 mm Hub und 88 mm Bohrung. Mit ihren 70 PS, dem schlanken Gitterrohrrahmen, der Cantileverschwinge und dem 16-Zoll-Vorderrad wies sie zahlreiche Rennsport-Features auf. Eine Pantah mit 750 Kubik — Fabio Taglioni hatte sie 1983 erstmals auf der Rennstrecke zum Einsatz gebracht. Beim 24-Stunden-Rennen von Barcelona im Montjuich-Park waren Benjamin Grau (s. Foto o.) und Enrique de Juan nicht zu stoppen gewesen. Ducati feierte das in Form der »750 F1 Montjuich« und stellte sie auf dem Salon in Mailand 1985 vor. Die 1986 vermarktete F1-Variante war ein limitiertes Sondermodell und trug eine entsprechende Nummernplakette auf dem Kraftstofftank.

Den Erfolg beim Battle-of-Twins-Rennen 1986 im amerikanischen Laguna Seca (Marco Lucchinelli gewann überlegen) feierten die Bologneser mit einer weitere F1-Sonderserie, der »750 F1 Laguna Seca«. Diese trug das Autogramm von Marco Lucchinelli auf dem Tank. Motor und Rah-

men der 200 Mal gebauten Seca entsprachen weitgehend der Montjuich, als Teilespender fungierte auch die 750 Paso. Der Sieg von Lucchinelli auf dem Santamonica-Kurs im italienischen Misano 1986 führte schließlich zur gleichnamigen Sonderserie von 1987. Die Maschinen waren für den damals wichtigsten Exportmarkt bestimmt, nämlich Japan. Wiederum entstanden 200 Maschinen, allesamt Zweisitzer mit Abdeckung für den Soziussitz. Die »Santamonica« war eine Art Resteverwertungen aus »Laguna Seca«-Motor und »Montjuich«-Fahrwerk.

Anfang 1986 löste Massimo Bordi Fablio Taglioni als Chefentwickler ab, mit ihm kam auch ein neues Motorrad, die 750 Paso. Diese Maschine, benannt nach dem 1973 in Monza tödlich verunglückten Rennfahrer Renzo Pasolini, kombinierte den F1-Motor mit einer neuen Karosserie, entworfen von Massimo Tamburini. Die ungewöhnlich gestylte Paso mit ihrem Rahmen aus Rechteck-Profilen ging 1986 in Serie und galt gemeinhin nicht gerade als Krone aller Ducati-Schöpfungen. Zur Saison 1989 indes erschien die Weiterentwicklung, die 906 Paso. Der wichtigste Unterschied zum Vormodell bestand in der Umstellung von Luft- auf Wasserkühlung, das Kurbelgehäuse stammte von der 851, der ersten Vierventil-Duc, der Tricolore (s. Foto o.).

Das Jahrzehnt in Stichworten

1980

Ducati und alle Motorradfans auf der Welt müssen einen schweren Schlag verdauen. Mike Hailwood kommt bei einem Auto-unfall ums Leben. Sein Landsmann Tony Rutter wird in der TT Formel 2 Weltmeister. Die Hailwood Replica (s. Foto u.) bleibt weiterhin im Programm.

1981

Die Ducati-Entwicklungsabteilung hat einen Vierzylinder-Turbodiesel entworfen, der in großen Stückzahlen für Rover und Alfa Romeo gebaut wird und zusätzliche Umsätze generiert. Tony Rutter gewinnt alle Rennen der TT Formel 2 und sichert sich erneut den Weltmeistertitel in dieser Klasse. Gleichzeitig beginnt man mit der Entwicklung des 750er Pantah-Motors, ausgerichtet auf das neue Hubraumlimit in der Langstrecken-WM. Ein erster Test bei den 200 Meilen von Imola verläuft erfolgreich und beweist die Wettbewerbsfähigkeit.Die SL 600 Pantah (s. Foto o.re.) erscheint.

1983

Am 1. Juni unterzeichnen Ducati und Cagiva einen Vertrag. Cagiva ist ein junger, aufstrebender Motorradhersteller mit Sitz in Varese, der vor allem in den kleinen Hubraumklassen mit Zweitaktmotoren sehr erfolgreich ist. Die Gebrüder Castiglioni möchten jedoch auch große Motorräder mit Viertaktern bauen, scheuen aber das mit einer Neuentwicklung verbundene finanzielle Risiko. Da kommt der Vertrag mit Ducati wie gerufen, denn in Bologna spielt man derzeit mit dem Gedanken, die Motorradproduktion ganz aufzugeben. Ducati soll laut Vertrag den Bau von Motorrädern in der Folge schrittweise einstellen und lediglich noch als Motoren-Lieferant fungieren. Die jährliche Liefermenge wird auf 14.000 Triebwerke festgesetzt.

Ducati bestreitet mehrere Langstrecken-rennen mit einem 750 F1-Prototypen. Mit diesem Motorrad gewinnen Grau/de Juan die 24 Stunden von Barcelona. Tony Rutter sichert sich erneut den Weltmeistertitel in der TT Formel 2 auf seiner privaten Pantah 600.

1984

Die ersten gemeinsamen Produkte von Cagiva und DUCATI kommen auf den Markt: das Straßenmotorrad Alazzura 650 und die Enduro 650 Elefant. Gleichzeitig erscheinen die beiden letzten eigenständigen DUCATI-Entwicklungen, die 1000 Hailwood Replica und die S2 Mille (s. Foto u.). Fabio Taglioni beginnt mit der Entwicklung eines V4-Motors, das Projekt wird jedoch von Cagiva gestoppt. Statt dessen konzentriert man sich auf die Weiterentwicklung des 750er-Pantah-Motors.

1985

Auf dem Mailänder Salon debütieren drei neue Modelle. Zum einen die Groß-Enduro Cagiva Elefant 750 mit Pantah-Motor, dann der Softchopper Ducati Indiana und schließlich die bildschöne Ducati 750 F1 (s. Foto o.). Die Nobelschmiede Bimota aus Rimini zeigt zudem die betörende, komplett verschalte DB1 mit dem 750er-Pantah-Motor. Bei Cagiva hat man mittlerweile glücklicherweise erkannt, dass

man mit der Aufgabe des traditions- und ruhmreichen Namens Ducati schlecht beraten ist. Statt dessen wird am 1. Mai die komplette Übernahme von Ducati durch Cagiva bekanntgegeben.

1986

Zwei Epochen gehen zu Ende: Fabio Taglioni und der V2-Motor mit Königswellen gehen in den Ruhestand, Ducati schlägt neue Seiten auf. Massimo Tamburini zeigt die knallrote Paso 750 (s. Foto u.), ein komplett verkleidetes Motorrad, das die Ducatisti spaltet. Die einen sehen darin den Fortschritt, die Traditionalisten lehnen sie

ab. Massimo Bordi, bisher rechte Hand von Taglioni und jetzt neuer Technischer Direktor, beginnt mit der Konstruktion des 851-Motors mit vier Ventilen, Desmodromik, Benzineinspritzung und Flüssigkeitskühlung. Die ersten Testfahrten absolvieren die Prototypen problemlos beim Bol d'Or Langstreckenrennen, und noch im gleichen Jahr kann die 851 erste Siege einfahren: Ex-500er-Weltmeister Marco Lucchinelli gewinnt das BOT-Rennen in Daytona sowie den ersten Lauf zur TT-Formel-1-WM.

1987
Auf dem Mailänder Salon feiert die Ducati 851 (s. Foto o.re.) schließlich Premiere. Mit der Rennversion wiederholt Lucchinelli überlegen seinen Sieg beim BOT-Rennen in Daytona.

1988
Die 750 F1 erfährt ihre Ablösung durch die neue 750 Sport (s. Foto o.), die wie die Paso von einem Pantah-Motor mit einem um 180° gedrehten hinteren Zylinder befeuert wird. Ducati steigt in die in die-

sem Jahr erstmals ausgetragene Superbike-WM ein, und Lucchinelli gewinnt auf seiner 851 gleich das erste Rennen im englischen Donington Park. Nach einem weiteren Sieg im österreichischen Zeltweg beendet er die Superbike-WM-Saison schließlich als Fünfter.

1989
Ducati bringt die 906 Paso mit einem flüssigkeitsgekühlten, 904 cm³ großen Motor auf den Markt. Der erhoffte Verkaufserfolg der komplett verkleideten Maschine bleibt jedoch aus. In der Superbike-Weltmeisterschaft gewinnt der Franzose Raymond Roche („Raymond le rapide" genannt) drei Läufe und belegt am Saisonende den 3. Platz, während Honda wie im Vorjahr mit dem Amerikaner „Flying" Fred Merkel und der VFR 750 R (RC30) den Titel gewinnt.

David gegen Goliath

Obwohl die 750 F1 Racing Mitte der 80er Jahre gegen die vierzylindrige Konkurrenz scheinbar auf verlorenem Posten stand, erzielte Ducati mit ihr zahlreiche großartige Erfolge im Rennsport.

Es ist sicher nicht übertrieben, wenn man sagt, dass die Leistungen, die die Ducati-Werksfahrer in der TT-F1-Weltmeisterschaft zeigten, für die Fans der italienischen Marke eine bittere Enttäuschung waren. Zwar gewann Tony Rutter den TT-F2-Titel für die Bologneser 1984 zum vierten Male in Folge, und in der TT-

F1-WM erreichte man immerhin Platz drei noch vor den Werks-Suzuki. Doch obwohl Rutter diese Großtaten im zarten Alter von 42 Jahren und zudem auf einem Vorjahres-Motorrad vollbrachte, war die Fangemeinde nur wenig zufrieden. Schließlich war es kein Geheimnis, dass Ducati ihn auf Motorrädern ins Rennen schickte, die

Die Zwei: Die Werksmaschine von 1985 (links) zusammen mit der auf dem 1981er-Modell basierenden 750er TT1-Privatmaschine von Tony Rutter (rechts), die er 1984 eingesetzt hatte.

technisch auf den Maschinen von 1981 basierten und immer noch über den mittlerweile in Ehren ergrauten Verlicchi-Rahmen mit Cantilever-Schwinge verfügten. Franco Farnè und seine Entwicklungs-Abteilung bei Ducati hatten für die Saison 1984 nämlich sehr wohl eine neue Maschine vorbereitet und glaubten damit auch eine sehr gute Chance in der TT-F1-WM zu haben. Doch zahlreiche mechanische Probleme vereitelten bei fast allen Rennen den Kampf um den Sieg, und so blieb ein vierter Platz auf dem Nürburgring in diesem Jahr das beste Ergebnis. Schließlich retteten dort die beiden Franzosen Granie und Guichon auf einem `83er-Motorrad die Ducati-Werks-Ehre.

Als Alan Cathcart Ende 1984 zusammen mit Tony Rutter nach Bologna reist, um die `85er-Version zu testen, wiegeln Franco Farnè und sein damaliger Chef-Testfahrer Walter Villa, der ehemalige 250er- und 350er-Weltmeister, indes ab: »Wir haben nie an sehr große Erfolge geglaubt, denn das Motorrad von 1984 war im Grunde komplett neu, besaß etliche Kinderkrankheiten und sollte die Basis für 1985 bilden. So waren die Ergebnisse im Grunde sogar noch befriedigend.«

Entsprechend gespannt lauerten Cathcart und Rutter auf das, was sie in Form des `85er-Motorrades erwarten würde. Schließlich hatte Rutter bewiesen, dass das alte Motorrad noch absolut konkurrenzfähig war. »Doch die Reifen haben sich geändert. Um die Möglichkeiten zu nutzen, die die Michelin Radial-Reifen der neuen Generation bieten, mussten wir ein neues Fahrwerk bauen. Bisher hatten wir

Power satt: Gewaltige 92 PS leistete der 750er-Zahnriemen-V2 bei 10.000/min am Hinterrad.

es immer mit 18 Zöllern zu tun, die maximal 140 Millimeter breit waren, nun sind es 17 Zöller, die es hinten auf 180 Millimeter Breite auf einer 5,5 Zoll-Felge bringen«, erklärte Farnè daraufhin.

Aufgrund dessen rückten die Konstrukteure den Motor etwas nach vorne, um mehr Gewicht aufs Vorderrad zu bringen, und die ehemalige Cantilever-Federung wich einem Zentralfederbein, das im Zusammenspiel mit einer Hebelumlenkung für eine sensibler ansprechende Hinterradfederung sorgen sollte, um dem breiten Reifen stets optimale Bodenhaftung zu ermöglichen. Dieses neue Motorrad sah der alten Version zwar noch verblüffend ähnlich, war aber doch von Grund auf neu konstruiert.

Im Gegensatz zur alten 35 Millimeter-Gabel kam nun ein Kayaba-Exemplar mit

Schlanke Taille: Die 750 F1-Rennmaschine besaß wie die Serienversion ein sehr zierliches Tank-Sitzbank-Arrangement.

41,7 Millimeter dicken Standrohren zum Einsatz, wie es auch in der Suzuki RG 500 Dienst tat. Hinten wiederum kam ein luftgefedertes Double Systems-Federbein zum Einsatz. Dazu wurde der im vorderen Bereich mit dem Vorgängermodell weitgehend identische Rahmen im hinteren Teil verbreitert, um dem stehenden Zentralfederbein leichter bei zu kommen. Während der Gitterrohr-Brückenrahmen des Vorgängermodells übrigens bei Verlicchi gefertigt wurde, stellte Ducati das neue Chassis aus Columbus-Rohr selbst her. Konzipiert wurde der neue Rahmen, der wie das alte Modell auf 1370 Millimeter Radstand ausgelegt war, ursprünglich für die in Mode gekommenen 16 Zoll-Räder, doch griff man im Rennbetrieb auf die neuen 17 Zöller von Michelin zurück, die praktisch denselben Abrollumfang aufwiesen. Vorne sorgten zwei 300 mm-Brembo-Bremsen mit Vierkolbensätteln für Verzögerung, hinten übernahm dies eine 230 mm-Einzelscheibe mit einem kleinem Brembo-Zweikolbensattel. Zunächst mit nur einer Bremsscheibe am Vorderrad, Vollverkleidung, Beleuchtung für die Langstrecken-Einsätze und Anlasser sowie Motoröl brachte die 750 F1-Rennmaschine gerade Mal unglaubliche 122 Kilogramm Trockengewicht auf die Waage. Wie die ersten Tests aber zeigten, benötigte die 255 km/h schnelle F1 die zweite Bremsscheibe aber doch, außerdem wurden vor den Renneinsätzen noch andere Marvic-Räder montiert. Doch mit letztlich 125,5 Kilogramm lag das Gewicht auch nach diesen Änderungen immer noch sensationell niedrig. Zusammen mit den 92 PS, die der luftgekühlte V2 bei 10000/min am Hinterrad abgab, hatte Ducati mit der F1 also eine durchaus schlagkräftige Waffe in der Hand.

An jenem Testtag hinterließ die F1 bei Tony Rutter denn auch einen begeisternden Eindruck, und der ansonsten eher kühle Engländer lobte Farnè: »Verdammt gut, das Motorrad. Das ist auf der Isle of Man glatt 40 Sekunden pro Runde wert. « Ein Satz, der Großes erwarten ließ und Alan Cathcart entsprechend neugierig machte. Der englische Journalist, in Sachen Ducati nicht eben ein unerfahrener Novize, hatte zu diesem Zeitpunkt bereits jede Menge Erfahrung mit dem Vorgänger-Motorrad auf dem Buckel. Schließlich bewegte er Tony Rutters Maschine, mit der er 1982 die WM gewann, im selben Jahr beim Macau Grand Prix.

Dass die neue F1 gegenüber dem Vorgänger-Modell praktisch in einer anderen Liga spielt, bemerkte der Pilot bereits beim Hinausfahren aus der Boxengasse. Während der alte Motor mit 87 PS am Hinterrad ebenfalls nicht schwächlich war, biss der neue V2 nun aber doch noch weitaus kräftiger zu. Hinzu kam freilich eine Gewichtsersparnis von zwölf Kilogramm, und beides zusammen machte sich für den Piloten in Form einer gewaltigen Steigerung der Fahrdynamik bezahlt.

Vor allem die Handlichkeit gewann gegenüber dem alten Motorrad nochmals deutlich, und bei Tests drehte die neue F1 unter Walter Villa auf der Mistral-Geraden im fünften Gang satte 800 Umdrehungen höher. Zudem sprachen die vormals eher

Schnelles Gerät: Mit 255 km/h gehörte die 750 F1-Werks-Rennmaschine zu den Schnellen im Feld, wenngleich die beste Vierzylinder 1985, die Honda RVF 750 R, bereits an die 280 km/h realisierte.

Der große Unterschied: Die F1 Jahrgang 1985 (vorne) besaß hinten bereits ein Federbein mit Hebelumlenkung. Die Vorgängerin (hinten) arbeitete noch mit Cantilever.

Leicht-Gedicht: An sünd-teurem Magnesium zur Gewichtserleichterung wurde auch am Motor-gehäuse nicht gespart.

Großer Alan, kleines Motorrad: Die 750 F1 war eher für kleine Tiffosi denn für große Englän-der geschneidert. Der Test klappte aber trotz-dem.

als zäh zu bezeichnenden Federelemente nun schön sensibel an. Außerdem fehlte jetzt auch die dem alten Modell oftmals angekreidete Neigung zum Untersteuern — die neue F1 fuhr perfekt übers Vorderrad, auch beim heftigen Beschleunigen kurvenausgangs. Und dies, obwohl ja hinten von den 18-Zöllern auf die kleineren 17 Zöller mit ihren geringeren Kreiselkräften aber breiteren Aufstandsflächen gewechselt worden war.

Das Triebwerk bot ab 4500/min satten Schub, und die Schaltdrehzahl lag bei 10000, in Extremfällen bei 11000/min. Geblieben war der schwergängige Gasgriff, denn die beiden 42 mm-Dell'Ortos waren mit einer kräftigen Rückholfeder versehen, wohingegen die Kupplung - eine gute Nachricht für alle F1-Rennfahrer jener Zeit — federleicht zu betätigen war. Am Ende dieses Testtages waren sich Alan Cathcart und Tony Rutter einig: »Dies ist die beste Renn-Ducati, die wir bisher gefahren hatten«, urteilen sie. Und mit diesem Meilenstein machte sich Ducati auf, 1985 in der Langstrecken- und TT-Formel 1-WM gegen die Werks-Armaden aus Japan zu bestehen. Die Ducati war um einiges leichter als die japanischen Vierzylinder und weniger durstig. Dass sie trotz dieses Vorteils, der 1,5 Stunden Fahrzeit mit einer Tankfüllung gegenüber nur 40 Minuten bei einer Werks-Honda brachte, den WM-Titel dennoch verfehlte, hatte einen anderen Grund. Wie so manches Mal scheiterten die Italiener an der mangelnden Zuverlässigkeit irgendeines Bauteils — das Konzept der Ducati 750 F1 Racing jedoch stimmte zweifellos.

750 F1 RACING

Motor:	
Bauart:	4-Takt/90 Grad-V
Zylinderzahl:	2
Ventile je Brennraum:	2
Ventiltrieb:	OHC
Bohrung in mm:	88
Hub:	61,5
Hubraum in cm³:	748
Leistung in PS/ Nenndrehzahl in 1/min:	92/10000 (am Hinterrad)
Gemischaufbereitung:	
Bauart/Anzahl:	Vergaser
Hersteller:	Dell'Orto
Durchlass in mm:	42
Kraftübertragung:	
Getriebe/Anzahl Gänge:	Klauen/5
Fahrwerk:	
Reifen v/h:	12/60-16/ 18/67-17
Bremse v/Durchm. in mm:	Doppelscheibe/300
Bremse h/Durchm. in mm:	Einzelscheibe/230
Federweg v/h in mm:	120/110
Gewichte und Füllmengen:	
Leergewicht in kg:	125,5 (trocken)
Tankinhalt in Litern:	24
Höchstgeschwindigkeit in km/h:	255
Baujahre:	1984/1985

Neue Konzepte

Mit der 906 schuf Ducati für die Saison 1989 die hubraumstärkere Version der Paso 750, die 1986 debütierte. Doch bei beiden Modellen verhielt sich die Käuferschaft zurückhaltend, obgleich das eigenwillige Design keiner genialeren Feder als der von Massimo Tamburini entstammte.

Mit der Paso 750 verlies ab 1986 eine Ducati das Werk in Bologna, wie es sie bis dato noch nicht gegeben hatte. Die Maschine war komplett verkleidet, und der von den Castiglioni-Brüdern beauftragte Designer Massimo

Tamburini hatte ganz offenbar einen Blick auf das eine oder andere Ferrari-Automobil schweifen lassen, als er die Formen der Paso skizzierte. Seitlich angebrachte Lüftungsschlitze sollten dem vollverschalten V2-Gerät nicht nur zu optischer Attraktivität

Gewöhnungsbedürftig: Die 1986 eingeführte Paso 750 spaltete die Ducatisti mit ihrem Design in zwei Lager. Helle Begeisterung oder schroffe Ablehnung – dazwischen gab es für die Fans gar nichts.

Störenfried: Der Weber-Doppelvergaser sorgte vor allem bei der Paso 750 mitunter für Schwierigkeiten. Bei der 906 hatte man die Gasfabrik besser im Griff.

verhelfen, sondern vor allem die Motor-Abwärme des luftgekühlten und in seinen Grundfesten vom Sportmodell 750 F1 übernommenen Desmo-V2-Motors wirksam abführen.

In Punkto Fahrleistungen realisierte der 74 PS starke V2 knapp 200 km/h Spitze und erfreute mit guten Durchzugsqualitäten. Weniger erfreut waren die Besitzer meist über den an Stelle der bislang verwendeten Dell'Orto-Einzel-Vergaser montierten Weber-Doppel-Vergaser. Die

Sitzprobe: Fabio Taglioni, von der Ducati-Fangemeinde weltweit stets »Dr. T« genannt, fühlte sich auf der Paso 750 sichtlich wohl.

Alter Bekannter: Franco Farnè, unter anderem Teamchef und Motoren-Spezialist bei Ducati, kümmerte sich bei den Testfahrten seinerzeit persönlich um die Paso-Technik.

Abstimmung gelang zumeist nur unzureichend, und so rüsteten nicht wenige Fahrer ihre Paso 750 auf die separaten Vergaser um. Neben guten Handling-Eigenschaften und einer von Ducati gewohnten hohen Fahrstabilität bei flotten Tempi gab das 16 Zoll-Vorderrad mit dem breiten 130er-Reifen aber Anlass zur Klage. Ein ausgeprägtes Aufstellmoment beim Bremsen sorgte für geraume Eingewöhnungszeit auf dem roten Renner aus Bologna. Kaum zwei Jahre später wurde das Paso-Konzept im festen Glauben an dessen Erfolg aber dennoch weiterentwickelt.

Ging der Mailänder Salon 1977 mit der Präsentation des zahnriemengetriebenen Ducati Pantah-Motors zweifellos als besonderes Datum in die Firmengeschichte von Ducati ein, so lief es mit der Internationalen Fahrrad- und Motorradausstellung 1988 in Köln ähnlich, wenngleich doch etwas verhaltener. Dort nämlich präsentierte Ducati mit der 906 Paso nicht nur ein Motorrad mit dem bekannten, außergewöhnlichen Styling, sondern vor allem auch eines mit einem für Ducati-Verhältnisse ganz besonderen Motor.

Konstrukteur Massimo Bordi propagierte das neue V2-Triebwerk als dritte Motor-Variante im zukünftigen Ducati-Programm. Zwar vertrat die anwesende Weltpresse überwiegend die Meinung, dass das neue Triebwerk im Grunde nichts anderes als ein im Hubraum vergrößerter Pantah-Motor sei, der von Luft- auf Wasserkühlung umgestellt wurde, doch außer dem Motor-Layout hatte der V2 im Grunde kaum ein Bauteil mit dem mittlerweile zehn Jahre alten Urahn gemeinsam. Die entscheidende Änderung betraf in der Tat die Kühlung des Motors, die nun ein Wasserkreislauf übernahm, doch auch das Sechsganggetriebe war neu gezeichnet worden, und sogar die Desmo-Zylinderköpfe hatten Änderungen über sich ergehen lassen müssen, um die bereits existierende Paso 750, die noch über den luftgekühlten Pantah-Motor verfügte, erfolgreich zu ergänzen und wenig später ganz zu ersetzen. »Am unteren Ende unserer Produktpalette werden wir nach wie vor den luftgekühlten V2 der Pantah einsetzen, und am oberen Ende rangiert der Quattrovalvole der 851. Der neue, wassergekühlte Motor ist als dritte Produktlinie für die 90er Jahre gedacht«, erklärte Konstrukteur Massimo Bordi damals anlässlich der Vorstellung.

Bordi schuf auch den erfolgreichen 851-Motor, war mit der Entwicklung des Paso-906-Triebwerks aber schon viel früher zu Gange. Als das Ducati-Management dann den Einstieg in die Superbike-WM beschloss, musste das 906-Projekt vorläufig ruhen, und die 851 wurde mit aller Macht vorangetrieben.

So verwundert es denn auch nicht, dass der 906- und der 851-Motor ziemlich eng miteinander verwand waren. Sie besaßen dasselbe Motorgehäuse, dasselbe Sechsganggetriebe, dieselbe Trockenkupplung sowie die Wasserkühlung. Und bis auf den etwas größeren Hub der Paso verfügten beide sogar über dieselbe Kurbelwelle. 92 Millimeter Bohrung und 68 Millimeter Hub errechneten sich zu 904 cm³ Hubvolumen – womit die Frage erlaubt war, weshalb Ducati die neue Paso dann ausgerechnet 906 taufte.

Die Antwort gab Massimo Bordi: »Die wahre Erklärung ist, dass das 906-Logo einfach symmetrischer ist. Es gefiel mir einfach besser. Aber ich kann auch eine technische Antwort geben. Die lautet dann, dass sie ein Sechsganggetriebe hat und deshalb 906 getauft wurde. Viel wichtiger als diese Erklärung ist mir aber die Feststellung, dass ich bei der Konstruktion des Motors an ein Triebwerk gedacht habe, das thermisch gesehen in der Lage ist, komplett verkleidet zu werden und zudem auch die in Zukunft verschärften Geräusch- und Abgasbestimmungen zu erfüllen.«

Das außergewöhnliche Design, das alleine aufgrund der kompletten Verschalung und Verhüllung der Technik die Ducatisti

Ein Ferrari mit zwei Rädern? Nicht nur das Rot, sondern auch die Formgebung erinnerte durchaus an die Automobile aus Maranello.

dieser Welt in zwei Lager – nämlich glühende Fans und strikte Gegner – spaltete, machte auf die Testfahrt ebenso neugierig wie der neue Motor. Eine entspannte Sitzposition, praktikabler Windschutz und dennoch sportliche Anlagen im Hinblick auf die Auslegung von Fahrwerk, Gewicht und Motorisierung – wie würde sich das Flair, das noch jede Ducati verströmte, wohl bei der 906 Paso äußern?

Im Fahrbetrieb dominierte erfreulicherweise der kraftvolle Motor, der – ganz Ducati-like – bereits ab 2000/min stramme Drehmomentwerte lieferte und für starken Antritt sorgte. In der oberen Drehzahlregion, die bis 9000/min reichte, bot die 906 Paso hingegen den Biss, den die Ducati-Fans von einem Bologneser V2 erwarten. 78 PS Spitzenleistung lagen bei 8000/min an und mithin vier mehr als bei der 750er.

Taugte auch auf der Rennstrecke: Alan Cathcart mit der Paso auf dem Grand Prix-Kurs von Misano unweit der italienischen Adria unterwegs.

Doch weniger die Werte selbst waren erbaulich, sondern viel mehr die Art und Weise, wie der Motor sie erreichte. Von 2000 bis 9000/min reichte das Leistungsband – enorme 7000/min. Dies gestattet eine sehr angenehme Fahrweise, immer war der V2 auf dem Sprung, egal in welcher Drehzahlregion er sich gerade aufhielt. Womit die Frage erlaubt war, weshalb Ducati der 906 überhaupt ein Sechsganggetriebe spendierte. Fünf Gänge wie in der Paso 750 hätten es hier fraglos auch getan. Die Antwort hierauf lieferten wiederum die internen Messprotokolle bei Ducati für die Beschleunigungswerte. Das Getriebe war für sportliche Fahrweise eng gestuft, so dass in jedem Gang perfekter

Anschluss bestand, und zudem konnte die erste Fahrstufe für Fahrten im Stadtverkehr entsprechend kurz ausgelegt werden. Das enthob den Fahrer nicht zuletzt dem ständigen Spiel mit der Kupplung. Obgleich sich das als Trockenkupplung ausgelegte Exemplar leicht bedienen und vorzüglich dosieren ließ. Ein Punkt, der nicht bei allen Ducati immer so war.

Das von der Paso 750 übernommene Chassis wurde in einigen Punkten modifiziert. So wurde der Federweg der Marzocchi-Gabel etwas gekürzt und der Lenkkopf um ein Grad flacher gestellt. Zudem verlängerte Ducati den Nachlauf. Damit verbesserte sich das Fahrverhalten mit den für ihre Kippeligkeit bekannten 16 Zoll-Rädern gegenüber dem 750er-Modell spürbar. Die 906 Paso lag bei Höchstgeschwindigkeit stabiler, die Zielgenauigkeit war besser, und auch das Aufstellmoment beim Bremsen in Schräglage war nicht mehr so ausgeprägt.

War bereits die 906 Paso in der Summe ihrer Fähigkeiten ein hervorragendes Motorrad, konnte die im September 1990 auf der Ifma in Köln vorgestellte 907i.e. alles nochmals besser. Bei ihr verschwanden die 16 Zoll-Räder schließlich und wurden von modernen 17 Zöllern nebst neuen Vierkolbenbremsen vorne ersetzt, und der ansonsten weitgehend unveränderte Motor erhielt eine elektronische Kraftstoffeinspritzung von Weber/Marelli. Damit verbesserte Ducati das Fahrverhalten nochmals entscheidend, und der Motor gewann in Punkto Leistung, Durchzug und vor allem Gasannahme gegenüber dem mit einem sensibel einzustellenden Weber-Doppel-

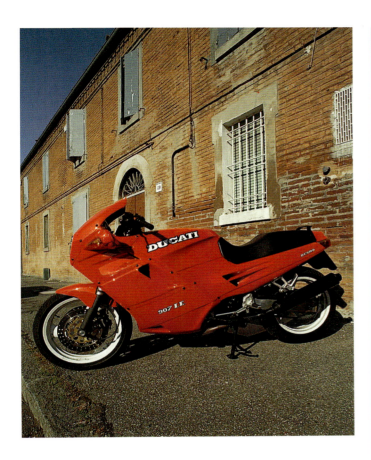

Letzte Stufe: Die letzte Paso war die beste. Mit der 907 i.e. hielten Einspritzung, 17 Zoll-Räder und Vier-kolben-Bremsen Einzug.

vergaser ausgerüsteten Paso-Triebwerk. Obwohl das Paso-Konzept auf diese feine Art weiter entwickelt wurde, blieb ihm auch in dieser letzten Entwicklungsstufe der große Durchbruch versagt. Ducati - das bedeutet nicht nur Fahrdynamik und Funktionalität. Ducati - das hieß auch schon immer Sportlichkeit und für's Auge zurecht gemachte Technik. Exakt diese beiden Attribute vermochte die Paso-Baureihe aber offenbar nicht zu vermitteln.

750 / 906 PASO / 907 I.E.

Motor:

Bauart:	4-Takt/90 Grad-V
Zylinderzahl:	2
Ventile je Brennraum:	2
Ventiltrieb:	OHC
Bohrung in mm:	88 / 92
Hub:	61,5 / 68
Hubraum in cm³:	748 / 904
Leistung in PS/ Nenndrehzahl in 1/min:	74/7900 / 78/8000 / 78/8500

Gemischaufbereitung:

Bauart/Anzahl:	Doppel-Vergaser / Einspritzung (907 i.e.)
Hersteller:	Weber / Weber-Marelli
Durchlass in mm:	36 / 44 / 50

Kraftübertragung:

Getriebe/Anzahl Gänge:	Klauen/5 / 6

Fahrwerk:

Reifen v/h:	130/60 VR/ZR 16 / 160/60 VR/ZR 16 / 120/70 ZR 17 / 170/60 ZR 17 (907 i.e.)
Bremse v/Durchm. in mm:	Doppelscheibe/280
Bremse h/Durchm. in mm:	Einzelscheibe/270
Federweg v/h in mm:	125/135 / 125/122 (907 i.e.)

Gewichte und Füllmengen:

Leergewicht in kg:	200 / 205 /218 trocken
Tankinhalt in Litern:	22 / 21 (907 i.e.)
Höchstgeschwindigkeit in km/h:	201 / 210 / 216
Baujahre:	1986 - 1990 / 1989 - 1990

Kaum zu glauben

Marco Lucchinelli debütierte mit der Vierventil-851 1987 in Daytona, und Alan Cathcart war dabei. Als Konkurrent und Zeitzeuge - mitten im Rennen. Er erlebte live, welch phänomenalen Grundstein Ducati und Ingenieur Massimo Bordi für die Superbike-WM gelegt hatten.

Es war das erste Qualifikationstraining für das Battle of Twins-Rennen 1987 im amerikanischen Daytona Beach, und fünf Ducati 750 mit dem luftgekühlten Pantah-V2 umrundeten in Windschatten-Formation den Kurs mit seinen spektakulären Steilkurven. Einer davon war Alan Cathcart, der sich mit seiner gut gehenden Bimota-Ducati db 2 diesmal reelle Siegchancen ausrechnete. Wenngleich die

Da schauten die Japaner: Als Ducati mit dem 851-Prototyp zunächst beim Bol d'Or und später in Daytona erschien, wunderte man sich im Land der aufgehenden Motorrad-Wonnen nur.

Maschinen der anderen Fahrer praktisch genau gleich schnell liefen, so sah jedenfalls alles nach einem sehr spannenden Fünf-Kampf für das Rennen aus. Doch irgendwann während dieser Trainingssitzung, als alle auf der Zielgeraden tief hinter ihre Verkleidungsscheiben geduckt waren, donnerte auf einmal ein rot-weiß-grün lackiertes Motorrad wie ein Projektil an der Fünfergruppe vorbei. Es war Ex-500er-Weltmeister Marco Lucchinelli mit der erstmals bei einem Wettbewerb eingesetzten Ducati 851 »Ottovalvole«. Er passierte den Tross mit gut 20 km/h Geschwindigkeitsüberschuss.

So verwunderte es denn auch keinen der Piloten, dass Lucchinelli quasi im Handstreich die Pole Position ergatterte. Und dies mit einem Topspeed, der mit gut 275 km/h exakt auf dem Level der für das 200 Meilen-Rennen favorisierten Werks-Suzuki lag. Mit seiner Rundenzeit hätte er im 200 Meilen-Superbike-Feld immerhin Startplatz sechs ergattert — und dies mit nur 16 Trainingsrunden sowie der eingehenden Ermahnung von Teamchef Franco Farnè, den brandneuen Achtventiler keinesfalls über 11000/min zu drehen. »Wenn wir die möglichen 12000/min ausgereizt hätten, wären sogar 280 km/h Topspeed möglich gewesen«, erklärte Farnè danach, der seinerzeit in erster Linie die Zuverlässigkeit des V2 im Auge hatte. Die Tatsache, dass ein 850er-Twin mit den besten 750er-Vierzylindern mithielt, sorgte im Fahrerlager und der übrigen Fachwelt für einiges Erstaunen. Wenngleich die Konkurrenzfähigkeit der Ducati 851 freilich keineswegs an ein Wunder grenzte. Im-

Druck-Duc: Mit 120 PS bei 11500/min am Hinterrad und 275,5 km/h gemessenem Topspeed straffte die 851 Racing bereits beim Debüt in Daytona Beach alle Twin-Skeptiker nachhaltig Lügen.

merhin konnte Ducati für sich in Anspruch nehmen, erstmals im Motorradbau zwei leistungsbestimmende Techniken erfolgreich miteinander verknüpft zu haben: die Desmodromik und das Vierventil-Konzept. Freilich zeigt ein Rückblick in der Rennsport-Geschichte, dass schon vor vielen Jahrzehnten die Desmodromik zum Erfolg führte. So etwa im Automobilbereich bei Peugeot, Delage, OSCA-Sportwagen oder auch Mercedes-Benz, die damit zwei Formel 1-Weltmeisterschaften und zahlreiche Sportwagenrennen gewannen. Jedoch vermochte lediglich Ducati mit Ingenieur Fabio Taglioni diese Technik auch erfolgreich bei Serienmaschinen einzusetzen. Während Taglioni jedoch felsenfest am Zweiventil-Prinzip in Kombination mit der Desmodromik festhielt, brach sein Nach-

Wirrwarr: Eine unübersichtliche Ansammlung von Schläuchen und Kabelsträngen kennzeichnete den 851-Werks-Prototypen.

folger, der junge Ingenieur Massimo Bordi, Mitte der 80er Jahre vollständig mit dieser Tradition und entwickelte den ersten wassergekühlten Vierventil-Desmo-V2 für Ducati, der nun in Daytona für Furore sorgte.

Wie sich später zeigen sollte, war die 851 aber nicht nur in Daytona auf Anhieb ein Sieger-Bike. Im Sommer des darauffolgenden Jahres vermochte Marco Lucchinelli mit ihr sogar gegen Fred Merkel auf der Honda RC 30 in der Italienischen Superbike-Meisterschaft sowie gar in der Superbike-WM zu bestehen. Und Merkel hatte davor noch bemerkt, dass Ducati wohl kaum eine Chance haben würde. Und schließlich waren da ja noch die Werks-Bimota sowie die Werks-Yamaha, die ebenfalls als superschnell bekannt waren.

Gleich beim Auftakt im englischen Donington wurde Lucchinelli hinter Tardozzi zunächst Zweiter, um im zweiten Durchgang dann vor Fred Merkel auf Platz eins einzulaufen. Das darauf folgende Rennen in Misano gewinnt Lucchinelli ebenfalls. Bei der WM-Runde in Zeltweg feierte Lucchinelli einen Start-Ziel-Sieg im ersten Lauf, während er im zweiten Umlauf nach drei Runden mit defekter Zündkerze aufgeben musste. Am Ende der Saison 1988 besitzt er schließlich 64 WM-Punkte und schließt das erste WM-Jahr für die neue Ducati als WM-Fünfter ab.

An jenem Montag nach Lucchinellis Sieg in Misano hatte Alan Cathcart die Gelegenheit, als erster Journalist die 851-Werksmaschine zu fahren. Und obgleich der Engländer zu diesem Zeitpunkt bereits auf eine erkleckliche Anzahl von ihm gefahrener Werksmaschinen und eine daraus resultierende Souveränität blicken kann, gehen ihm an jenem Tag in Misano sozusagen die Gäule durch. Möglich, dass es vielleicht auch an den 42 Grad Außentemperatur lag – jedenfalls muss Teamchef

Franco Farnè nach 20 Runden wild die rote Flagge schwenkend auf die Zielgerade rennen, um einen entfesselten Cathcart wieder »einzufangen.«

Jene Testfahrt ist für den überzeugten Ducatista Cathcart sozusagen der Vorstoß ins ganz persönliche Paradies – in eine fahrerische Welt, wie sie eben nur ein drehmomentstarker Zweizylinder zu erschließen vermag. Liebe auf den ersten Ritt sozusagen.

Zwar war die Sitzposition für den groß gewachsenen Engländer alles andere als ideal, denn Lucchinelli ist beinahe zwei Köpfe kleiner als er. Doch das Entfernen der mit Tape angebrachten Zusatzpolster an der Sitzbank sowie eine Nachjustierung der Lenkerstummel brachte eine durchaus akzeptable Sitzhaltung, die der einer Werks-500er durchaus ähnlich war. Viel Gewicht lastete in GP-Manier auf den Unterarmen des Fahrers.

Die Kombination eines, verglichen mit Vierzylindern, langen Radstandes von 1440 Millimetern mit einem steilen Lenkkopfwinkel von 65 Grad sowie das mit 150 Kilogramm (trocken) nicht gerade geringe Gewicht erforderte beim Einlenken in die Kehren von Misano zwar einen relativ hohen Kraftaufwand, eben so wie für das Umlegen in Wechselkurven, doch einmal in Schräglage, zog die Ducati mit geradezu stoischer Ruhe ihre Bahn. Auf Bodenwellen arbeiteten die Federelemente nahezu perfekt, und insbesondere die Marzocchi-M1R-Gabel hinterlies einen guten Eindruck, bot sie doch ausreichende Dämpfungsreserven gepaart mit einem sensiblen Ansprechverhalten.

Power to the people: Leistung und Fahrdynamik kredenzte die 851 im Überfluss, wie sich Alan Cathcart bei seiner Testfahrt davon überzeugen konnte.

Manifest für sieben Jahre: Von 1987 bis 1993 änderte sich am grundlegenden Ducati-Konzept für die Ottovalvole-Renner nichts. Achtventil-V2, Gitterrohrrahmen, Einspritzung und Desmodromik waren Gesetz. Erst die 916 setzte diese Prämissen noch deutlich radikaler um.

Wuchtig: Der bullige Tank und die ausladende Verkleidung waren Markenzeichen der 851, doch auch die späteren 888 und 926 zierte diese Optik.

Die Nummer 1: Mit der 851 Racing siegte Marco Lucchinelli, der eigentlich schon vom Rennsport zurück getreten war, beim Battle-of-Twins-Rennen im amerikanischen Daytona.

Doch freilich war es nicht das Fahrwerk, das bei jener Testfahrt für den Ausbruch an Euphorie sorgte, sondern das V2-Herz der Ducati. Nunmehr mit kleineren Ventilen ausgerüstet (32/28 mm Einlass/Auslass statt bisher 34/30 mm) und mit einer angepassten Programmierung für die Weber/Marelli-Ein-spritzung versehen, leistete der Twin 120 PS bei 11500/min am Hinterrad und gewann, wie Farnè berichtete, dadurch gegenüber dem ersten Prototypen nochmals spürbar an Drehmoment und Leistung im unteren und mittleren Drehzahlbereich.

Ab 2000/min bot der V2 die Möglichkeit ohne jegliche Zuhilfenahme der Kupplung lochfrei hoch zu beschleunigen, und bei 6000/min legte er spürbar an Leistung zu. Dabei begeisterte aber vor allem die Art und Weise, wie die 851 ihre Power bereit stellte. Jeden Millimeter der Gasgriffbewegung setzte die Einspritzung mit ihren beiden 52 mm-Drosselklappenstücken in weich einsetzenden Vortrieb um, was insbesondere beim Herausbeschleunigen aus den Kurven einen sehr vertrauenerweckenden weil gefühlvollen Umgang erlaubte. Wurde indes die 9800/min-Markierung auf dem Drehzahlmesser überschritten, wechselte der V2 blitzartig sein Benehmen. Das bis dahin bullige Röhren schlug in ein aggressives Brüllen um, und wie vom Katapult beschleunigt, riss der Achtventil-V2 Mann und Maschine mit einer satten Portion Extra-Power nach vorne, und erst bei 12000/min bereitete der Drehzahlbegrenzer dem Vorwärtsdrang ein Ende.

Vor allem die gewaltige Beschleunigung zwischen 9800 und 12000/min sowie das bereits bei 7000/min anliegende maximale Drehmoment waren für die guten Rundenzeiten verantwortlich, die der Twin seinem Werksfahrer Lucchinelli bei den Superbike-WM-Rennen ermöglichte. Der V2 drehte fast so hoch wie ein Vierzylinder, der im Falle der Honda RC 30 bei 13200 bis 13400/min abriegelte, doch bot er bereits ab 6000/min nachhaltigen Vortrieb, während selbst die V4-Honda RC 30 für Vortrieb mindestens 8000/min auf der Uhr sehen wollte.

Diesen Vorteil münzte Lucchinelli gleich im ersten WM-Jahr in einen fünften WM-Gesamtrang um, obwohl er eigentlich bereits 1984 vom Rennsport zurückgetreten war. »Doch ich wollte Ducati einen Gefallen tun und bin deshalb die Superbike-WM für sie gefahren«, erklärte der Italiener noch während der Saison, und es schien, als wäre der Ex-500er-Champion vom Erfolg der 851 gleich in ihrem ersten Jahr selbst etwas überrascht gewesen.

Heute, fast 15 Jahre nach dem ersten Aufscheinen der 851 auf der Rennstrecke, braucht man über Massimo Bordis V2 kaum mehr ein Wort des Analysierens zu verlieren. Mit insgesamt acht gewonnen Superbike-Weltmeisterschaften hat sich die Kombination aus Vierventil-Zylinderköpfen und Desmodromik in ihren über die Jahre entwickelten Varianten längst ihren Platz in den Geschichtsbüchern des Motorrad-Rennsports gesichert. Und ein Ende der Ducati-Erfolgsstory scheint bis dato nicht absehbar. Die 851 legte dafür den Grundstein.

851 SUPERBIKE

Motor:	
Bauart:	4-Takt/90 Grad-V
Zylinderzahl:	2
Ventile je Brennraum:	2
Ventiltrieb:	DOHC
Bohrung in mm:	92
Hub:	64
Hubraum in cm³:	851
Leistung in PS/ Nenndrehzahl in 1/min:	120/11500 (am Hinterrad)
Gemischaufbereitung:	
Bauart/Anzahl:	Saugrohreinspritzung/2
Hersteller:	Weber-Marelli
Durchlass in mm:	52
Kraftübertragung:	
Getriebe/Anzahl Gänge:	Klauen/6
Fahrwerk:	
Reifen v/h:	12/60-17/ 18/67-17
Bremse v/Durchm. in mm:	Doppelscheibe/320
Bremse h/Durchm. in mm:	Einzelscheibe/230
Federweg v/h in mm:	120/110
Gewichte und Füllmengen:	
Leergewicht in kg:	150 mit Öl und Wasser, ohne Benzin
Tankinhalt in Litern:	20
Höchstgeschwindigkeit in km/h:	275,5
Baujahr:	1987

Ein neues Zeitalter

Mit einem Vierventil-V2 und desmodromischer Ventilsteuerung machte sich Ducati 1988 auf, die Superbike-Welt zu gestalten. Nicht nur auf der Rennstrecke, sondern mit der 851 S im Tricolore-Design auch auf der Straße.

Serienableger berühmter Rennmaschinen haben bei Ducati Tradition. Von der Imola-Siegermaschine, der 750 Super Sport, die Paul Smart zu seinem glanzvollen Sieg trug, kam kaum ein Jahr später eine käufliche Version. Und auch das Motorrad, das Mike Hailwood 1978 einen glorreichen Sieg und ein glanzvolles Comeback ermöglichte, war wenig später als Hailwood Replica zu kaufen.

Als Replica Nummer drei in dieser Runde darf die 851 gelten. Marco Lucchinelli schob den Renner beim Battle of the Twins-Rennen 1987 in Daytona an den Start – und siegte bequem. So bequem, dass seinen Konkurrenten nur ein großes Staunen übrig blieb – so schnell war die neue Ducati. Alan Cathcart erlebte dieses Spektakel übrigens so hautnah mit, wie es überhaupt geht – als Teilnehmer höchstpersönlich, wie Sie im Kapitel zuvor lesen konnten. Und damit zurück zum Straßenableger.

Wie schon bei der 750 SS, von der angeblich genau 411 Exemplare gebaut wurden, kreierte Ducati auch von der in den italienischen Nationalfarben weiß, grün und rot lackierten 851 wieder eine limitierte Auflage. Zunächst entstanden 200 als Basis für die rennsportliche Kundschaft,

Einer zuviel: Besitzer Richard Schlotz weiß um die schlechte Rücksicht in den beiden Blinker-Spiegeln der 851. Deshalb der Zusatz-Spiegel.

Stilvoll:
Mitte der 80er Jahre
waren weiße Zifferblätter
auch bei Japan-Bikes
»in«. So schön wie
die Ducati-Uhren waren
sie aber nicht.

weitere 300 in Straßenausführung folgten. Mit Vierventil-Zylinderköpfen und zwei, via Zahnriemen angetriebenen Nockenwellen pro Zylindereinheit beschritt Ducati zwar Neuland, doch vertraute Chefingenieur und Konstrukteur dieses Triebwerkes, Massimo Bordi, durchaus auf Vorhandenes, expressis verbis den bekannten Pantah-Motor. Von ihm stammt praktisch das Motorgehäuse ab, wenngleich sich die Gemeinsamkeiten damit auch weitgehend erschöpft hätten. Die aus hoch hitzebeständigem Nimonic-Stahl gefertigten Ventile messen einlassseitig 32, auf der Auslassseite 28 Millimeter und sorgen für eine nachhaltige Beatmung des mit 92 Millimetern Bohrung und 64 Millimetern Hub 851 cm³ großen

Tri colore: In den drei italienischen Nationalfarben lackiert, ist die 851 mittlerweile ein äußerst gesuchtes Liebhaber-Objekt.

*Aus einem Guss:
Tank, Sitzbank und
Verkleidung der 851
harmonieren prächtig
miteinander.
Seinerzeit war dies
der Superbike-Stil
schlechthin.*

V2. Enorme 121 PS bei 10500/min gab Ducati bei der Präsentation der 851-Renn-maschine zunächst an, doch sollte sich die Homologationsleistung des mit leisen Auspuffen, einem Luftfilterelement und einem zahmeren Chip für die Einspritzung ausstaffierten Straßenmodells schließlich bei 102 PS bei 8250/min einstellen. Auf der Suche nach Höchstleistung und im Zuge der Anwendung neuester Technologie spendierte Bordi seinem Vorzeige-Twin überdies eine Einspritzanlage von Weber-Marelli, die den V2 über zwei separate Drosselklappenstücke mit je 50 Millimetern Durchlass versorgt.

Im Verein mit einem Zünd-Einspritz-Kennfeld wurde so sichergestellt, dem Motor un-ter allen Drehzahl- und Lastbedingungen das optimale Gemisch für maximale Leistungsausbeute bereit zu stellen. Neben der Luft- und Kühlwasser-Temperatur (ja, die neue Ducati war nun wassergekühlt) gingen Parameter wie der Luftdruck und die Drosselklappenstellung in die Berechnung der Einspritzdauer ein. Im Unterschied zu zahlreichen Kraftstoffeinspritzungen im Automobilbau verzichtete das System jedoch auf eine Luftmengenmessung, die der kompromisslosen Suche nach Spitzenleistung im Wege gestanden hätte.

Endlich gestartet, hören Kenner sofort, dass es sich bei diesem V2 nur um ein Exemplar aus den Bologneser Werkshallen handeln kann. Satt und sonor ist der

Speziale: Während die konischen Auspuffe serienmäßig waren, ersetzte Richard Schlotz die 16 Zöller gegen 17 Zoll-Räder, die das Werk als Zubehör anbot.

Schlag - ganz wie man es von einem Ducati-V2 eben kennt.

Im Fahrbetrieb gefällt der 851-Motor denn auch mit kräftigem Antritt bereits bei 2000/min, um bis etwa 7000/min gleichmäßig an Leistung zuzulegen. Was danach kommt, sprengte anno 1988 freilich den Rahmen jeglicher Vorstellung kundiger Ducatisti. Bis über die 10000/min-Markierung auf dem Veglia-Drehzahlmesser hinaus schnalzt die Nadel des Drehzahlmessers, und der V2 legt so vehement an Drehzahl zu, dass es eine wahre Freude ist. Fraglos war zu dieser Zeit ein gewaltiges Umdenken angesagt. Gewohnt war man den ebenfalls sehr drehfreudigen, luftgekühlten V2-Antrieb, wie er etwa in

Gelungener Mix: Sowohl die Marzocchi M1-R-Gabel als auch die Vierkolben-Brembos konnten damals voll überzeugen.

Gute Nummer:
Nur wo 851 draufsteht,
ist auch 851 drin,
und Unwissenden sei auf
diesem Wege mitgeteilt:
Sie hat einen V-Motor.

der 750 F1 Dienst tat – doch im Vergleich zum neuen Vierventiler bot er spürbar geringeren Vortrieb, vor allem bei höheren Drehzahlen.

Gewohntermaßen auf hohem Niveau bewegte sich das Ducati-Fahrwerk der 851. Ein filigran aber logisch gezeichneter Gitterrohrrahmen aus Chrommolybdänstahl nahm den Motor als tragendes Element auf, in dessen Gehäuse zudem die Lagerung der Leichtmetallschwinge Platz fand. Via Wippenumlenkung betätigte ein gegabelter Stahlrohrausleger zudem ein zentral platziertes Federbein. Fahrwerksseitig brauchte sich die in der Straßenversion mit 16 Zoll-Rädern ausgelieferte 851 damit vor der Konkurrenz nicht zu verstecken. Sie verfügte über die bisher von Ducati bekannten Tugenden wie stoischen Geradeauslauf, hohe Fahrstabilität und präzise Zielgenauigkeit – und sogar die Handlingqualitäten, nicht immer ein Ruhmesblatt der Bologneser Maschinen, fielen höchst akzeptabel aus.

Wieder einmal handelt es sich beim hier gezeigten Exponat um eine Maschine aus dem Besitz von Richard Schlotz, der allerdings eine kleine Änderung gegenüber dem Original vornahm. So trägt seine 851 S Tricolore die seinerzeit optional vom Werk erhältlichen 17 Zoll-Räder, was der Originalität keinen Abbruch tut, aber die Möglichkeit zur Verwendung guten, aktuellen Reifenmaterials eröffnet. Denn schließlich ist die Renn-Replika eines Herrn Lucchinelli zu schade, um nur in der Garage zu stehen –wo sie im Fahrbetrieb doch so viel Ducati-typischen Spaß bereitet.

851 S TRICOLORE	
Motor:	
Bauart:	4-Takt/90 Grad-V
Zylinderzahl:	2
Ventile je Brennraum:	4
Ventiltrieb:	DOHC
Bohrung in mm:	92
Hub:	64
Hubraum in cm³:	851
Leistung in PS/ Nenndrehzahl in 1/min:	102/8250
Gemischaufbereitung:	
Bauart/Anzahl:	Saugrohreinspritzung/2
Hersteller:	Weber/Marelli
Durchlass in mm:	50
Kraftübertragung:	
Getriebe/Anzahl Gänge:	Klauen/6
Fahrwerk:	
Reifen v/h:	130/60 VR 16/ 160/60 VR 16
Bremse v/Durchm. in mm:	Doppelscheibe/280
Bremse h/Durchm. in mm:	Einzelscheibe/260
Federweg v/h in mm:	100/96
Gewichte und Füllmengen:	
Leergewicht in kg:	216 (trocken)
Tankinhalt in Litern:	20
Höchstgeschwindigkeit in km/h:	225
Baujahre:	1988/1989

Kapitel 6:

Die 90er Jahre

Die neunziger Jahre gehörten nicht gerade zu den leichtesten für das Unternehmen. Die Paso, seit 1991 als 907 (s. Foto u.) mit Einspritzung zu haben, blieb stets hinter den Erwartungen zurück und musste 1992 vom Band genommen werden. Dafür gab es verschiedene Gründe. Zum einen lag es ganz sicher an der ungewöhnlichen Optik, die polarisierte. Entweder — oder, etwas dazwischen gab es nicht. Auch andere Probleme bei Ducati waren hausgemacht, etwa die Beschränkung auf nur eine, extrem sportlich orientierte Zielgruppe.

Ducati-Modelle waren zum Beispiel lediglich bedingt als Zweisitzer tauglich (das Soziusbrötchen der 851 von 1990 war kaum mehr als ein Alibi), und mit einer Leistung von 92 PS gehörte ein Ducati auch nicht zu den temperamentvollsten Bikes im Lande. Allerdings hielt die Vierventil-851 Ducati am Leben. Jedoch, das

lehrt die Geschichte, ist es immer höchst riskant, wenn das Wohl und Wehe eines Unternehmens von einem einzigen Modell abhängt. Zwar bemühte sich Ducati nach Kräften, durch eine ständige Modellpflege, sein Prachtstück auf der Höhe der Zeit zu halten, doch kletterten damit auch die Preise in Schwindel erregende Regionen. Die 851 Strada des Modelljahres 1991 kostete satte 26290 Mark — das war ausgesprochen teuer.

Zu Massimo Bordis (s. Foto o.) wichtigsten Aufgaben im neuen Jahrzehnt gehörte daher, Ducati auf eine etwas breitere Basis zu stellen. Die Monster 900 des Argentiniers Miguel Galluzzi gehörte dazu. Er schuf 1993 ein Naked-Bike reinsten Wassers. Von Anfang an war sie ein Renner. Für Furore aber sorgte die Ducati 916 Strada, Massimo Tamburinis Meisterstück. Diese Maschine, für die Cagivas 500er Grand-Prix-Renner Pate gestanden hatte, sorgte für Schlagzeilen rund um den Globus. Konzernmutter Cagiva hatte Tamburini und Bordi weitgehend freie Hand gelassen, die neue 916 musste ein Aushängeschild der Marke werden. Tamburinis Maschine, die zunächst bei Cagiva in Varese gebaut wurde, war eine vollkommene Neuentwicklung — abgesehen vom Motor. Bei dem nämlich handelte es sich im Prinzip um das weiterentwickelte Aggregat der 888, der vergrößerten 851.

Von Presse und Kunden gleichermaßen enthusiastisch gefeiert, läutete die 916 1994 die Renaissance des Unternehmens ein. Die Vierventil-Desmo galt als das beste Motorrad, das jemals in Italien gebaut worden war, mehr noch: als die schönste und ausgewogenste Sportmaschine aller Zeiten. Die zahlreichen Ehrungen und Titel wie »Motorrad des Jahres« hatte die 916 redlich verdient. Im ganzen Trubel ging die gewiss nicht weniger faszinierende Supermono einfach unter.

Und dennoch: Geld war mit der Supermono nicht zu verdienen, dazu war die Ducati zu aufwändig und zu teuer in der Produktion. Dazu kam, dass die Castiglioni-Gruppe in Schwierigkeiten geriet. 1995 sah es rabenschwarz aus für Ducati, Gerüchte wollten vom bevorstehenden Ende der angeschlagenen Traditionsherstellers wissen. Da halfen auch noch so große Erfolge im Rennsport nicht.

Rettung nahte in Gestalt einer amerikanischen Investorengruppe, der Texas Pacific Group. Diese brachte neues Geld und ein neues Management nach Borgo Panigale, und dass Ducati mit den ST-Modellen endlich auch Motorräder für Tourenfahrer anzubieten hatte, ließ die Ducatisti hoffnungsvoll in die Zukunft blicken. Das neue Management riss innerhalb kürzester Zeit

das Ruder herum. Natürlich, Ducati war immer noch ein Motorradhersteller, doch nun machte man sich auch darüber Gedanken, wie in einem sich wandelnden Markt die Absatzzahlen gesteigert werden konnten. Die modernen Marketing- und Managementmethoden sorgten in kürzester Zeit für steigende Umsätze. Die neuen Eigner versuchten — Harley-Davidson war da wohl das große Vorbilkd — rund um die Marke eine eigene Erlebniswelt zu kreieren. Veranstaltungen wie das nun zum ersten Mal abgehaltene World Ducati Weekend lockten über 10000 Ducatisti samt Anhang nach Misano. Die Krönung aus finanzpolitischer Sicht war 1999 aber ohne jeden Zweifel der Gang an die Börsen in New York und Mailand.

Die Modellpolitik jener Zeit konzentrierte sich vor allem auf die 916 und ihre Varianten und Weiterentwicklungen. Die 916 SP als Rennmaschine von der Stange, die Biposto mit Alibi-Sozius, die SPS von 1997 als 996er-Homologationsmodell für den Superbike-Sport sowie die auf 996 Kubik vergrößeren Weiterentwicklungen von 1999. Als limitierte Sonderauflagen kamen von 1996 bis 1998 die 916 Senna.

Die Fraktion der Sporttourer bedient Ducati ab Mai 1997 mit der ST 2 mit Zweiventilmotor, 1999 gab es die praktisch baugleiche Maschine als ST4 auch mit dem aus der 916 stammenden Vierventil-Motor. Wer mehr auf Unverkleidetes stand, konnte nach wie vor zur Monster greifen, das „Sparmodell" Monster Dark avancierte in manchen Märkten zur meist verkauften Ducati überhaupt. In der Supersport-Klasse dagegen hielten die Ducati 748 (s. Foto re.) die Fahne hoch. Auch sie in allen Ausführungen und Varianten zu haben.

Das Jahrzehnt in Stichworten

1990

Mit der neuen 900 SuperSport belebt Ducati die Tradition der Supersport-Modelle wieder. Dieses rot-weiß lackierte Motorrad erfreut sich großer Akzeptanz bei den Käufern. In der Superbike-WM gewinnt Roche auf der 851 Racing (Basis 851 SP2, s. Foto re.) neun Läufe, und Ducati wird erstmals Superbike-Weltmeister. Damit sollte eine Siegesserie ihren Anfang nehmen.

1991

Gleich drei neue Modelle bereichern in diesem Jahr das Angebot. Die 907 i.e. (s. Foto li.u.) mit Kraftstoff-Einspritzung, Flüssigkeitskühlung und 17-Zoll-Rädern stellt den letzten Entwicklungsschritt in der Paso-Baureihe dar. Dazu kommen erneut zwei neue Supersport-Motorräder, die 750 SS (s. Foto o.li.) und die 900 SS (s. Foto m.li.), jeweils mit Halb- (Nuda) oder Vollverkleidung (Carenata). In der Superbike-WM demonstriert Ducati seine Überlegenheit mit der eindrucksvollen Bilanz von 23 Siegen in 26 Rennen, gewinnt die Konstrukteurs-WM, und der Amerikaner Doug Polen siegt in der Fahrerwertung.

1992

Großes Aufsehen erregt Ducati auf der weltgrößten Zweiradmesse, der IFMA in Köln: Man präsentiert die Monster 900, (s. Foto S.128 u.li.) ein unverkleidetes, sport-

liches Motorrad mit klassischer Linienführung, das sich auf Anhieb eine breite Fan-Gemeinde erobert. Das Fahrwerk stammt vom Superbike 888 (s. Foto o.), und für das Design zeichnet Miguel Angel Galluzzi verantwortlich, ein Mitarbeiter des Cagiva Research Center (CRC). Racing-Fans sind indes fasziniert von der 549 Supermono, einem von Massimo Bordi entwickelten und von Pierre Terblanche gestalteten Einzylinder-Rennmotorrad mit liegendem Zylinder, zwei zahnriemengetriebenen Nockenwellen und natürlich desmodromischer Betätigung der vier Ventile. In der Superbike-WM verteidigen Doug Polen und Ducati souverän den im Vorjahr errungenen Titel, Markengefährte Raymond Roche wird WM-Zweiter. Am Saisonende sieht das Endklasement gar vier Ducati-Piloten unter den ersten fünf in der Fahrerwertung.

1993

Die 888 Strada löst die 851 Strada ab, sowohl in der Straßen- als auch in der Rennversion (s. Foto re.o.). Mit diesem Motorrad gewinnt Ducati 19 von 26 Läufen und damit

erneut den Konstrukteurstitel in der Superbike-WM. Die Fahrerweltmeisterschaft gewinnt in diesem Jahr indes mit Scott Russell erstmals ein Kawasaki-Fahrer, doch mit dem Zweit-

platzierten, dem englischen TT-F1-Champion Carl Fogarty auf Platz zwei zeichnet sich bereits neue Schlagkraft im Ducati-Lager ab. Für eine Sensation sorgt der junge Österreicher Andreas Meklau beim WM-Lauf auf dem Österreichring im steirischen Zeltweg. Im Regen gewinnt er auf seiner Hausstrecke und empfiehlt sich für höhere Aufgaben.

1994

Massimo Bordi übernimmt nun die Gesamtleitung der Motorradgruppe von Cagiva, und im gleichen Jahr setzt Ducati mit der 916 (s. Foto u.) einen weiteren Meilenstein im Motorradbau. Das hinreißende

Design, das für die Ewigkeit gemacht zu sein scheint, die hoch ins Fahrzeugheck verlegte Auspuffanlage und die mächtige Einarmschwinge definieren neue Maßstäbe. Ihr zur Seite steht die 748, technisch fast identisch, jedoch mit weniger Hubraum für die Supersport-Rennklasse. Nach unten runden die Monster 600 und die 600 SS die Modellpalette ab. Auf der Rennversion der 916 holt sich Carl Fogarty überlegen den Titel des Superbike-Weltmeisters, und erneut sichert sich Ducati den Konstrukteurstitel.

1995

Das Angebot der 916 wird durch die zweisitzige Version 916 Biposto und das Sondermodell 916 Senna, benannt nach dem mehrfachen Formel-1-Weltmeister Ayrton Senna, erweitert. In der Superbike-WM dominieren Carl Fogarty und sein Ducati-Superbike die Szene, und an dem Mann aus Blackburn beißen sich die Konkurrenten die Zähne aus. Bereits vor dem Saisonfinale feiert Carl "Foggy" Fogarty im niederländischen Assen seine zweite Superbike-Weltmeisterschaft.

1996

Die Monster-Baureihe erfreut sich größter Beliebtheit und wird durch die Monster 750 ergänzt. Trotz der guten Verkaufserfolge schlittert die Cagiva-Gruppe aber in eine finanzielle Krise: Zulieferer können nicht bezahlt werden und stellen ihre Lieferungen ein, die geplante Jahresproduktion wird nur zu einem Bruchteil erfüllt. Cagiva braucht liquide Mittel und verkauft 51% von Ducati an die amerikanische Investmentgruppe Texas Pacific Group. 13 Jahre nach der Übernahme durch Cagiva wird zum Jahres-

ende die Trennung eingeleitet. Von diesen Problemen unberührt zeigt sich das italienische Werk in der Superbike-WM, wo sich der Australier Troy Corser am Saisonende den Weltmeistertitel anheften kann. Allerdings startet er für das österreichische Kundenteam Promotor Ducati des Getränke-Herstellers Alfred Inzinger an der Seite von Andreas Meklau und nicht für das offizielle ADVF-Werksteam, geleitet von Virginio Ferrari. Für das Team von Ferrari starten in diesem Jahr der Amerikaner John Kocinski auf der mittlerweile fast 160 PS starken Werks-916 (s. Foto o.), die bereits 996cm^3 besitzt sowie der junge Engländer Neil Hodgson, während Carl Fogarty in diesem Jahr für Honda auf der RVF 750 RC 45 unterwegs ist. Mangelnde Konkurrenzfähigkeit der Maschine veranlasst Fogarty aber schließlich, zum Jahresende wieder ins Ducati-Team von Virginio zurück zu kehren.

1997

Die Kombination aus amerikanischem Finanzmanagement und italienischer Kreativität trägt erste Früchte. Stark motivierte Mitarbeiter im Bologneser Werk sorgen dafür, dass die Produktion auf Hochtouren läuft. Auf einer neuen Produktionslinie läuft die ST2 (s. Foto u.) vom Band, eine Mischung aus Sportlichkeit und Reisetauglichkeit. Mit

diesem Motorrad will Ducati ganz neue Käuferkreise ansprechen, was aber nur sehr bedingt gelingt. In der Superbike-WM reicht es am Ende für Carl Fogarty und Ducati wegen Fahrwerksproblemen „nur" zum 2. Platz, während „Little" John Kocinski nach seinem Wechsel zu Honda die ehemals kränkelnde RC 45 endlich zur Weltmeisterschaft führen kann.

1998

Neue Motorräder braucht das Land. Es erscheinen der Hypersportler 996 und der Sporttourer ST 4, quasi eine ST2, jedoch mit Vierventil-Motor. Außerdem werden die seit 1991 nahezu unverändert gebauten Supersport-Modelle 750 und 900 von gleichnamigen Nachfolgern abgelöst. In der Technik komplett überarbeitet und auf den neuesten Stand der Technik gebracht, mit Benzineinspritzung und von Pierre Terblanche mit einem neuen Design versehen, wollen sich diese Motorräder endlich als eigenständige Persönlichkeiten neben der 916-Baureihe und der Monster-Familie etablieren. Zuwachs meldet gerade auch die Monster-Baureihe. 600er, 750er und 900er gibt es nun als preiswerte, schwarz lackierte Monster Dark, außerdem kommen Monster 900 S mit Cockpitverkleidung und Monster 900 Cromo mit verchromtem Tank.

Zwei wichtige Ereignisse kennzeichnen den Geschäftsbereich: Cagiva verkauft seine restlichen 49% der Ducati-Anteile an die Texas Pacific Group. Außerdem fusioniert Ducati mit Gio.Ca.Moto, einem Betrieb mit jahrzehntelanger Erfahrung im Bereich Zubehör, Tuning und Rennsport für Ducati-Motorräder. Unter dem Namen DUCATI-PERFORMANCE startet der weltweite Vertrieb von Zubehör und Tuning-Teilen. Neue Wege im Verkauf am Point of Sale beschreitet Ducati mit der Eröffnung der ersten DUCATISTORES in New York, London, Rom, Mailand, Sydney und anderen Städten.

Die Superbike-WM sieht indes wieder einmal Carl Fogarty und Ducati als Weltmeister. Der kämpferische Engländer bringt damit Titel Nummer drei für das bologneser Werk unter Dach und Fach und dokumentiert die Schlagkraft des "Ottovalvole".

1999

Die 916 wird von der 996 (s. Foto u.) abgelöst, die nun auch bei den Volumenmodellen und nicht nur bei der SPS mit deutlich gesteigerten Fahrleistungen und dem Hubraum der Werksrennmaschinen aufwartet. Ein großer Schritt dann im März: Ducati iniiiert den Gang an die Börse. In Hockenheim sichert sich Carl Fogarty erneut den Titel als Superbike-Weltmeister. Für den Engländer ist es der vierte Titel, für Ducati bereits der achte in elf Jahren Superbike-WM. Ducati verzeichnet zu diesem Zeitpunkt mehr Rennsiege als alle Wettbewerber zusammen.

Meister-Stück

Mit der 888 sowie der späteren 926 folgte Ducatis logischer Schritt bei der Entwicklung der 851. Mehr Hubraum, mehr Leistung und drei WM-Titel bei den Superbikes von 1990 bis 1992 in Folge für Raymond Roche und Doug Polen. Alan Cathcart testete die Werks-Maschinen.

Als Marco Lucchinelli 1988 mit der 851 gleich den ersten Lauf der frisch etablierten Superbike-WM gewann, glaubten viele noch an einen glücklichen Zufall. Wenige Jahre später wurden all jene Zweifler freilich eines besseren belehrt, denn seit 1990 führte ein Sieg in einem Superbike-WM-Rennen an Ducati nicht vorbei. Freilich nicht zuletzt deshalb, weil das technische Reglement den Zweizylindern aus Bologna einen Hubraumvorteil von 250 cm³ sowie ein reduziertes Gewicht von trocken 145 Kilogramm gegenüber den Vierzylinder-Maschinen gestattete.

Wie gut Ducati das Reglement ausschöpfte, zeigte die Weiterentwicklung vom ersten 851-Prototypen hin zur 888, die Raymond Roche 1990 sowie Doug Polen 1991 und 1992 zum Gewinn der Superbike-WM verhalfen.

Doch nicht nur die in minutiöser Handarbeit gefertigten 888-Werksmaschinen taugten zu Beginn der 90er Jahre für glanzvolle Siege. Wie Carl Fogarty beim Superbike-WM-Lauf in Donington 1992 bewies, war auch der in einer Auflage von

50 Einheiten gefertigte Production Racer mit Namen 888 Corsa für einen Rennerfolg gut – obgleich er mit 152 Kilogramm immerhin zehn mehr wog als Doug Polens Weltmeister-Maschine. In Misano 1992 hatte Alan Cathcart die Gelegenheit, die Maschine Doug Polens zu fahren - wie

Der Polen-V2: Das siegreiche V2-Triebwerk der 888 leistete 134 PS bei 11200/min am Hinterrad. Mit ihm gewann Doug Polen zwei Titel.

es sich gehört bei sonnigem und warmem adriatischem Wetter.

Von 1990 bis 1992 hatte sich die Entwicklung Ducatis nicht auf die Anhebung der Spitzenleistung, sondern vielmehr auf die Art und Weise der Leistungsabgabe konzentriert. Während die Werks-888, mit der Raymond Roche 1990 Weltmeister wurde, noch 128 PS bei 10500/min am Hinterrad leistete, war die Maschine Polens mit 134 Hinterrad-PS bei 11200/min nicht so sehr viel stärker. Und gegenüber der Maschine von 1991, mit der der Amerikaner seinen ersten WM-Titel einfuhr, holte das Werk gerade Mal zwei PS mehr Leistung – dafür jedoch bei einer um 500/min gesunkenen Nenndrehzahl, was auf eine modifizierte Auspuffanlage zurückzuführen war.

Diese Auspuff-Modifikation sorgte für ein breiteres Drehzahlband, für einen Anstieg des Drehmoments im mittleren Drehzahlbereich und obendrein auch noch für eine weniger flach abfallende Leistungskurve oberhalb der Nenndrehzahl von 11200/min. Bei immerhin 12000/min lag das Drehzahllimit für den Desmo-V2.

Entsprechend dieser Entwicklung beeindruckte die Polen-Ducati beim Test in Misano denn auch nicht so sehr durch den gewaltigen Power-Output bei hohen Drehzahlen, sondern in erster Linie durch die ausgezeichnete Fahrbarkeit, resultierend aus der Umsetzbarkeit der über einen weiten Bereich bereit stehenden Leistung. Alleine die schiere Perfektion der Gasannahme und die Gemischaufbereitung durch die Weber/Marelli-Einspritzung versetzte den Fahrer in Verzückung.

Dream-Team: Eraldo Ferracci und Doug Polen waren 1991 und 1992 in der Superbike-WM eine unschlagbare Kombination.

War bereits die Werks-851 von Lucchinelli diesbezüglich ein gelungenes Motorrad, so konnte die 888 fünf Jahre später in der Version von Doug Polen alles nochmals deutlich besser. Obwohl die von Eraldo Ferracci betreute Maschine alleine durch ihren aufwändigeren Aufbau mit zahlreichen raffinierten Details viel mehr den Eindruck eines »echten« Werks-Motorrades vermittelt, wurde sie dennoch deutlich benutzerfreundlicher. Während die erste Werks-888, die 1989 zum Einsatz kam, noch über eine spitze Leistungskurve ver-

Wie gehabt: Das Outfit der 888 wurde im Grunde komplett von der 851 übernommen und überdauerte insgesamt sieben Jahre.

fügte und dem Fahrer mit ihrem extrem lauten Ansauggeräusch durch die beiden 54 Millimeter großen Drosselklappen-Stücke fast die Ohren wegblies, zeigte sich die Werks-888, Jahrgang 1992, sehr viel kultivierter. Erstmals kam hier eine geschlossene Airbox zum Einsatz, bei der die Tankunterseite sozusagen den Deckel des Luftfilterkastens bildete. Über die beiden Lufteinlässe an der Verkleidungsfront bezog der Motor nun stets kühle Ansaugluft, die durch den Fahrtwind zudem sehr effektiv in die Airbox geführt wurde.

Geblieben war nach wie vor der starke Leistungsanstieg bei 8000/min, wo bereits 108 PS anliegen, doch durfte die Drehzahl nun durchaus deutlich darunter fallen, um dennoch mit sattem Vortrieb aus den Kurven zu beschleunigen. In diesem Punkt wollte die erste 888-Version stets den haargenau passenden Gang parat wissen, was dem Fahrer wie schon bei der 851 in der Praxis eine Fahrweise mit insgesamt höherem Drehzahlniveau abverlangte. In Misano konnte Alan Cathcart die Drehzahl getrost unter 7000/min fallen lassen und wurde dennoch mit mehr als ausreichender Beschleunigung belohnt, was dazu führte, in manchen Kurven sogar den nächst höheren Gang zu benutzen, um sich einen Schaltvorgang zu sparen. »Ich benutze auf der Strecke so wenige Gänge wie möglich«, bestätigte diesbezüglich auch Weltmeister Doug Polen. Obwohl deren sechs zur Verfügung standen, kam die Werks-Ducati auf nicht wenigen Kursen mit gerade ein Mal vier Fahrstufen aus – und gewann. Deutlicher kann ein Urteil über ein Leistungsband kaum ausfallen. Wie Doug Polens Teamgefährte Giancarlo Falappa erklärt, wurden die meisten Kurven mit maximal 7500 bis 8500/min angefahren, jedoch keinesfalls mit mehr Drehzahl. Ansonsten quittierte der Desmo-V2 die darauf folgenden Beschleunigungsversuche mit erheblichen Traktionsproblemen, sobald die Nadel des Drehzahlmessers die 9000/min-Markierung passierte.

Wenngleich Carl Fogarty in diesem Jahr auch vorgab, seine 888 bis 12000/min zu drehen – eine Notwendigkeit dafür bestand in keiner Weise. Selbst um optimale Rundenzeiten zu ermöglichen, reichten Schaltpunkte bei 11200/min völlig aus. Obgleich durch die Verwendung von reichlich Kohlefaser für die Verkleidung sowie Magnesium, etwa für die Motor-Seitendeckel, an der 888 acht Kilogramm gegenüber der ersten Werks-851 eingespart wurden, benahm sich die Werks-Ducati vor allem in Punkto Handlichkeit wie bereits von den Vorgängermodellen gewohnt. Zum Einlenken ist ein nachdrücklicher Kraftaufwand gefordert, und in Wechselkurven artet das Spiel sogar in Arbeit aus. Wie gewohnt brilliert die Werks-888 dafür mit höchster Stabilität in langgezogenen Kurven. Doug Polen wählte, um in den Kurven soviel Gewicht wie möglich auf das Vorderrad zu bringen, eine sehr aufrechte Sitzposition mit stark nach außen gedrehten Lenkerstummeln. Obwohl Alan Cathcart praktisch über dieselben Maße wie der groß gewachsene Amerikaner verfügt, gelingt es ihm nur mit Mühe, auf den Geraden den Kopf günstig hinter der Verkleidungsscheibe unterzubringen.

Anders, nicht nur im Hinblick auf die Sitzposition, gebärdete sich ziemlich genau ein Jahr später, 1993, die 926-Werksmaschine von Ducati. Optisch auf den ersten Blick völlig identisch mit der Vorjahres-888, steckte die wesentliche Änderung im Innern des Motors. Zwei Millimeter mehr Zylinderbohrung ergaben zusammen mit 64 Millimetern Hub nun 926 cm³ — ein Plus von 38 Kubikzentimetern.

Von einigen Ausnahmen, etwa solchen aus der Region Barolo oder einem Chianti Classico, abgesehen, verhielt es sich mit der 926 ähnlich wie mit einem guten italienischen Rotwein. Der »vino rosso« schätzt es nicht besonders, wenn er zu alt wird. Jung getrunken, also zwei bis drei, aber maximal fünf Jahre alt, entfaltet er seine Qualitäten am besten.

Nirgendwo gilt diese Weisheit mehr als in der Region Trebbiano, das Weinanbauge-

Leicht erhöht: Mit 146 Kilogramm geriet die 926 zwar vier Kilo schwerer als die 888, doch im Fahrbetrieb war dieser Unterschied praktisch nicht auszumchen.

Bewährte Basis: Auch bei der 926 kam der filigrane Gitterrohrrahmen zum Einsatz. Der Lenkkopfwinkel geriet geringfügig steiler.

Power ohne Ende: Mit 144 PS bei 11500/min produzierte der 926er-Motor glatte zehn PS mehr Spitzenleistung. Entscheidender war aber die verbesserte Leistungs-Charakteristik.

biet rund um Bologna. Die Weine aus der Gegend rund um das Ducati-Werk wollen eher heute als morgen getrunken werden. Mag sein, dass die Winzer in jenem Gebiet sich einmal mit Massimo Bordi hätten unterhalten sollen. Er hätte ihnen möglicherweise Tipps für die Verbesserung der Lagerfähigkeit geben können. Zumindest was Motorräder anging, hatte der Chef-Konstrukteur von Ducati dafür jedenfalls ein hervorragendes Händchen.

Sieben Jahre, nachdem Marco Lucchinelli mit der 851 beim Bol d'Or in der Endurance-Welt debütiert hatte und sechs Jahre, nachdem er das Battle of Twins-Rennen in Daytona gewonnen hatte, gewann das im Grunde selbe Motorrad immer noch Rennen in der Superbike-WM.

Um dies auch für 1993 sicher zu stellen, beschloss Ducati zunächst, für die Sai-son 1993 nur kleine Änderungen vorzunehmen. Als sich aber abzeichnete, dass Scott Russell auf der Kawasaki extrem stark sein würde, wurde die Entwicklungsarbeit eines Winters kurzfristig in vier Wochen bewerkstelligt. Zwischen dem Auftaktrennen in Donington und dem zweiten Rennen in Hockenheim nahm Ducati etliche Modifikationen vor, die eigentlich der bereits fertig gestellten 916 für den Jahrgang 1994 vorbehalten waren. War die Maschine Doug Polens von 1992 noch ein für den Rennbetrieb zurecht gemachtes Straßen-Motorrad, so war die 926 von 1993 spätestens ab Hockenheim ein Viertakt-Grand Prix-Motorrad.

Dies begründet sich auf mehreren Änderungen. Die beiden Werks-Maschinen von Giancarlo Falappa und Carl Fogarty fühlten sich im Vergleich zu der Vorjahres-Maschine des großen Texaners Doug Polen wesentlich kompakter an. Sie wurden für relativ kleine Fahrer gebaut, und damit war es denn auch möglich, sich mühelos hinter der hoch bauenden Verkleidungskuppel klein zu machen. Doch der wesentliche Unterschied gegenüber der 888 liegt freilich im Motor.

Neben der erwähnten Hubraumerhöhung, die vor allem der Leistung und dem Drehmoment im mittleren Drehzahlbereich zu Gute kam, verfügte die Weber/Marelli-Einspritzung erstmals auch über separate Kennfelder für jeden Zylinder. Im Fahrbetrieb bestach das Triebwerk durch wesentlich mehr Leistung unterhalb von 8000/min, und gleichzeitig sorgten die Ducati-Ingenieure für eine gleichmäßigere Leistungsentfaltung im oberen Drehzahlbereich. Der starke Leistungsanstieg bei 9000/min, wie er bei den 888 charakteristisch war, konnte ausgemerzt werden, was für ein deutlich angenehmeres Verhalten beim Herausbeschleunigen sorgte. Insgesamt erreichte Ducati bei der 926 einen Leistungszuwachs von fünf bis sechs PS über den gesamten Bereich, und mit 144 PS bei 11500/min lag die Spitzenleistung um gewaltige zehn PS über der 888. Obgleich das Drehzahlband damit noch breiter geworden war, zeigte sich in der Praxis, dass die 926 deutlich bessere Rundenzeiten als die 888 nur über hohe Drehzahlen und fleißiges Schalten ermöglichte. Wie Falappa und Fogarty bestätigten, nutzten sie das Drehzahllimit von 12000/min oft aus.

Geblieben waren die bekannten Schwächen des Ducati-Chassis in Punkto Handling, obwohl die Techniker mit einem geringfügig steileren Lenkkopfwinkel und verkürztem Nachlauf hier für marginale Besserung sorgten.

Erkauft wurde dieses kleine Plus an Handlichkeit aber durch einen Verlust an Stabilität in sehr schnellen Passagen. Nervös tänzelte die 926 auf den schnellen Abschnitten beim Fahrtermin, den Alan Cathcart im österreichischen Zeltweg absolvieren durfte. Abschließend bemerkt war aber nicht dies der Grund, weshalb die 926 1993 die Superbike-WM nicht gewinnen konnte. Kawasaki-Mann Scott Russell vermochte vor allem deshalb zu reüssieren, weil die beiden Werks-Piloten Giancarlo Falappa und Carl Fogarty ihre Titelchancen durch Stürze und Verletzungen verspielten.

888 / 926 Superbike

Motor:	
Bauart:	4-Takt/90 Grad-V
Zylinderzahl:	2
Ventile je Brennraum:	4
Ventiltrieb:	DOHC
Bohrung in mm:	94 (96)
Hub:	64
Hubraum in cm³:	888 (926)
Leistung in PS/ Nenndrehzahl in 1/min:	134/11200 (144/11500) (am Hinterrad)
Gemischaufbereitung:	
Bauart/Anzahl:	Saugrohreinspritzung/2
Hersteller:	Weber-Marelli
Durchlass in mm:	54
Kraftübertragung:	
Getriebe/Anzahl Gänge:	Klauen/6
Fahrwerk:	
Reifen v/h:	3.10/4.80-17/ 185/55-17 (12/61-17 / 18/67-17)
Bremse v/Durchm. in mm:	Doppelscheibe/320
Bremse h/Durchm. in mm:	Einzelscheibe/200 (185)
Federweg v/h in mm:	120/110
Gewichte und Füllmengen:	
Leergewicht in kg:	142 (146) mit Öl und Wasser, ohne Benzin
Tankinhalt in Litern:	19
Höchstgeschwindigkeit in km/h:	289
Baujahre:	1989 bis 1992 (1993)

Schweizer Kracher

Nach der Optimierung beim Schweizer Ducati-Papst Edgar Schnyder liess es der Motor der M 900 Monster mit 80 PS und 216 km/h Topspeed bereits Mitte der 90er Jahre so richtig krachen.

Alpenpässe mit dem Motorrad aus-zukosten, ist immer ein besonderes Vergnügen. Kilometerlang schlän-geln sich die Kurvenlabyrinthe durch die Bergwelt, und mit einem Motorrad wie der leichten, handlichen und drehmomentstar-ken Ducati M 900 Monster möchte eine derartige Ausfahrt gar kein Ende nehmen. Das wusste wohl auch der Schweizer Du-cati-Tuner und mit der alpinen Straßenfüh-rung bestens vertraute Edgar Schnyder, der sich 1994 für diesen Zweck eine beson-ders schmackhafte Version der Monster zurecht machte. Etwas mehr Drehmoment

Grüß Gott in Südtirol: Die potente Schnyder-Ducati zusammen mit Ulrich Kolbs Ducati 750 Super Sport bei einer kurzen Rast in den Dolomiten, wo sich die beiden Ducs ein Sparring lieferten.

durfte es sein, und den V2 sollte man ruhig auch etwas deutlicher hören — so Schnyders ursprünglicher Ansatz. Beim Superbike-DM-Finale 1994 im Hockenheimer Motodrom hatte er Autor Jürgen Gaßebner darauf neugierig gemacht, was er — sonst verantwortlich für schnelle Superbike-Motoren — sich bei diesem Straßenmotorrad hatte einfallen lassen.

»Das Monster hat für die Landstraße alle Mal genügend Leistung. Lediglich in Sachen Drehmoment kann der 900er-Motor noch etwas vertragen«, wusste Edgar Schnyder auf die Frage nach dem Motor-Tuning zu berichten. Feinabstimmung der Gemischaufbereitung, eine durchsatzfreudigere Skorpion-Auspuffanlage und Nockenwellen mit etwas mehr Hub sollten dem V2 im Verein mit höher verdichtenden Kolben zu mehr Punch verhelfen.

Bereits auf der Fahrt zum Leistungsprüfstand schmeichelt sich der Schnyder-V2 mit ungewöhnlicher Laufruhe und mächtiger Durchzugskraft ein. Kein Zweifel: Der Motor geht spürbar anders zu Werke. Unbestechlich malt der Messschreiber denn auch eine wunderschöne und weitaus fülligere Kurve auf's Millimeterpapier als es das weiß Gott nicht schwächliche Original vermag. Gute 80 PS notieren wir als Spitzenleistung, zwei mehr als die Serie, doch weitaus beeindruckender sind die 89 Newtonmeter Drehmoment bei 5200/min.

Das bei unserer Lichtschrankenmessung mit gewaltigen 216 km/h daher eilende Monster wollen wir aber nicht dem sonst üblichen Standardprogramm unterziehen. Wir wollen ihm einen besonders schönen Auslauf gewähren. Also verfrachten wir es

Fein gemacht: Neben den obligatorischen Vierkolben-Brembos hielt das Schnyder-Monster adrette Dreispeichen-Räder parat.

Da hörte man, was man fuhr: Die Skorpion-Anlage förderte die Leistung und das Geräusch, setzte in großer Schräglage aber auf.

SCHWEIZER KRACHER

Schweizer Understatement: Optisch sah man dem Schnyder-Monster seine Kraft erfreulicherweise nicht an.

Schön informiert: Ein großer, weiß skalierter Tachometer sitzt im perfekt gefertigten Carbon-Gehäuse. Ein Drehzalmesser fehlt.

morgens früh um vier in den Anhänger und düsen los in Richtung Dolomiten. Drei Tage wollen wir Schnyders Haustier über Pässe jagen, um seine Kondition eingehend zu prüfen.

Es ist eines der letzten warmen Wochenenden in diesem Herbst, und als wir kurz nach dem Brenner endlich loslegen, lacht die Sonne herzlich.

Wie es sich gehört, wird der V2 zunächst ordentlich warm gefahren. Willig hängt er am Gas und setzt jeden noch so kleinen Dreh am Quirl in spontane Lebensäußerungen um. In den ersten beiden Gängen genügt gar ein kurzes, beherztes Gasaufreißen, und das Schnyder-Monster stellt sich frech auf das Hinterrad. Für kleine, manchmal auch unfreiwillige Stunt-Einlagen ausgangs der Haarnadelkurven ist also ausreichend gesorgt. Lediglich fahrwerksseitig benimmt sich das Monster zunächst nicht unbedingt mustergültig. Die Michelin A59 vorn und M89 hinten bauen zu wenig Grip auf und sorgen mit einigen derben Slides noch vor Erreichen der Schräglagengrenze für brenzlige Situationen. Zudem schlägt die stabile Upside-down-Gabel bei brenzligen Manövern mit der hochwirksamen Brembo-Doppelscheibenbremse am Vorderrad hin und wieder durch.

Wieder zu Hause, tauschen wir die Michelins gegen Pirelli Dragons in Corsa-Mischung, verpassen dem Federbein noch eine zehn Kilogramm härtere Feder und befüllen die Gabel laut Empfehlung von Benny Wilbers mit 7,5er-Öl bei um 20 Millimeter verringertem Luftpolster.

Diese kleinen Modifikationen sorgen schließlich für ein gänzlich anderes Gebaren des Schnyder-Monsters und erlauben, die Dynamik des Motors endlich voll auszukosten. Ein mal richtig auf Temperatur gebracht, gestatten die Pirellis nun Schräglagen, für die eine Monster schon gar nicht mehr gebaut ist. Laute Kratz- und Schleifgeräusche künden dann vom aufsetzenden Carbon-Schalldämpfer und des immer kürzer werdenden Schalthebels. Dennoch: Lieber zuviel als zu wenig Grip in diesem Fall.

Drastisch verbessert arbeiten jetzt auch die Federelemente. Dem hinteren Monoshock steht mit der härteren Feder endlich der volle Arbeitsweg zur Verfügung, und die vormals bockige Gabel spricht nun willig an. Obendrein schlägt sie nicht mehr

Gut versteckt: Von hinten betrachtet, deuteten lediglich die Carbon-Schalldämpfer auf die zusätzliche Schnyder-Power hin.

SCHWEIZER KRACHER

Da war gut sein: Ulrich Kolb pilotierte abwechselnd auch die Schnyder-Monster. Eine Pause war ihm nach den Fotofahrten mit dem schweizer Urviech gegönnt.

durch, und so verbleibt auch bei harten Bremsmanövern immer noch genügend Restfederweg, und der formidable Schnyder-Motor lässt sich so richtig auskosten.

Ducati-Papst Edgar Schnyder hat das Monster seinerzeit mit relativ überschaubarem Aufwand in Punkto Motor drastisch verbessert, obwohl bereits das Serienmodell viel Fahrspaß bot. Wie gut die 1992 zur IFMA präsentierte und von Miguel Angel Galluzzi gestylte M 900 Monster gelungen war, zeigte sich auch an der Tatsache, dass sie bis 1996 nur sachte modellgepflegt wurde. Es blieb beim Rahmen der 851/888-Baureihe, der für die

Monster jedoch ein angeschweißtes Rahmenheck erhielt, doch 1994 spendierte man der Frontpartie eine dickere Radachse, 1995 gab's graue anstatt schwarzer Zahnriemenabdeckungen sowie eine Marzocchi- an Stelle einer Showa-Gabel. 1996 schließlich wanderte der Choke an den Lenker, die Gabel erhielt eine einstellbare Zugstufendämpfung, doch ansonsten blieb das Erfolgskonzept unangetastet. Erst 1997 folgte mit einer Cockpit-Verkleidung, verschleißfesteren Ventilen nebst Sitzen sowie einer Vergaservorwärmung die erste größere Überarbeitung. Zahmere Steuerzeiten und kleinere Ventile ließen die Leistung jedoch von 78 auf nunmehr 67 PS schrumpfen. Erst für 1999 stieg die Power wieder an – auf nunmehr 71 PS, und vom Modelljahr 2000 an sorgte gar eine elektronische Kraftstoffeinspritzung für die Gemischaufbereitung.

Ducatis Festhalten am Monster-Konzept hat sich bis heute bewährt, und die M 900 wurde unter den V2-Maschinen zu dem, was eine Yamaha Vmax unter den Big Bikes ist. Zu einem Kult-Motorrad mit einer treuen Fan-Gemeinde.

Wie sehr die Ducatisti das Monster lieben, zeigt alleine die Tatsache, dass Ducati ein üppiges Programm an Veredelungsteilen für die Monster-Baureihe bereit hält. So kann jeder eine Monster ganz nach seinem Geschmack aufbauen - als Monster Cromo mit verchromtem Tank, als Monster City mit Plexiglas-Windschild und Packtaschen oder als leistungsoptimiertes Monster mit scharfen Nockenwellen und vielem mehr, wie es Edgar Schnyder bereits in der Frühphase der Monster-Zeit vorexerzierte.

SCHNYDER-DUCATI M 900 MONSTER

Motor:	
Bauart:	4-Takt/90 Grad-V
Zylinderzahl:	2
Ventile je Brennraum:	2
Ventiltrieb:	OHC
Bohrung in mm:	92
Hub:	68
Hubraum in cm³:	904
Leistung in PS/ Nenndrehzahl in 1/min:	80/7500
Gemischaufbereitung:	
Bauart/Anzahl:	Vergaser
Hersteller:	Mikuni
Durchlass in mm:	36
Kraftübertragung:	
Getriebe/Anzahl Gänge:	Klauen/6
Fahrwerk:	
Reifen v/h:	120/70 ZR 17/ 170/60 ZR 17
Bremse v/Durchm. in mm:	Doppelscheibe/320
Bremse h/Durchm. in mm:	Einzelscheibe/235
Federweg v/h in mm:	125/122
Gewichte und Füllmengen:	
Leergewicht in kg:	195
Tankinhalt in Litern:	16,5
Höchstgeschwindigkeit in km/h:	216
Baujahre:	1994 (Schnyder-Monster) ab 1992 (Serie)

Genie-Streich

Konzeption und Styling der 916 dürfen, auch vor dem Hintergrund grandioser Sport-Erfolge, getrost als genial bezeichnet werden. Kaum eine Maschine aus Bologna begeisterte die Ducatisti jemals so wie diese.

Die alte Dame an der Tankstelle irgendwo in einem kleinen Dorf in der Nähe von Pesaro erkannte ganz genau, was dieses knallrote Motorrad, die Ducati 916 darstellte. »Mein Enkel hat ein Foto von ihr über dem Bett hängen«, erzählte sie, und »er nennt sie seine Madonna, weil sie so unglaublich schön ist«, fuhr sie fort. »Sie sieht so anders aus als alle anderen Maschinen, hat ihr eigenes Gesicht. Ich betanke viele, viele Motorräder jeden Tag, aber dieses hier hat seinen ganz eigenen Charakter. Wie ein Ferrari. Ha un carattere suo«, schwärmte sie. »Sie

Im frühen Stadium: Der Werks-Prototyp 916 ohne Verkleidung, aufgenommen im CRC (Cagiva Research Center) in Varese. Damals »streng geheim.«

Meisterliches Design:
Massimo Tamburini gestaltete wahrlich schon viele Motorräder, doch die 916 hielt man auf breiter Front für sein Meisterstück.

sind ein beneidenswerter Mensch, an so einem schönen Tag wie diesem solch ein Motorrad fahren zu dürfen«, attestierte sie Alan Cathcart, der sich gerade auf seiner allerersten Probefahrt befand, und hängte die Zapfpistole wieder in ihre Säule.

Und in der Tat war Cathcart an jenem Tag ein glücklicher und beneidenswerter Mensch, hatte ihm doch Ducati-Chef Massimo Bordi die brandneue 916 für einen ganzen Tag zur Verfügung gestellt. Einige Tage bevor sie der übrigen Fach-Journaille vorgestellt werden sollte. Stramme 113 PS schickt der in seinen Grundfesten auf dem

Duc Dich: Wie eine Katze, stets auf dem Sprung, schien die 916 aus ihren charakteristischen »Scheinwerfer-Augen« zu blicken.

851-Triebwerk basierende V2 bei 9000/min an die Trockenkupplung, und mit 198 Kilogramm Trockengewicht — mit Wasser und Öl, aber ohne Benzin — ließ dies jede Menge Fahrspaß erwarten.

Der vorherrschende Eindruck beim ersten Kontakt mit der 916 S im Fahrbetrieb hebt sich völlig von dem ab, was man bisher von einer Achtventil-Ducati zu erwarten

hatte. Mit 1410 Millimetern war der Radstand so kurz wie nur möglich geraten, und ein über konische Einsätze zwischen 65 und 66 Grad variierbarer Lenkkopfwinkel resultierte in einem Nachlauf von 94 bis 100 Millimetern. Daten also, die weniger einen stoischen Geradeausläufer, denn eher ein auf Handlichkeit abgestimmtes Motorrad erwarten ließen. Hinzu kam die extrem kompakte Bauweise der 916, gegen die das Vorgängermodell 888 geradezu »wie ein Schiff« anmutet, wie Alan Cathcart trocken feststellte.

Dieser Eindruck wird zur banalen Realität, wenn die 916 in Fahrt kommt. Ähnlich wie bei einer Honda VFR 750 F kommen die Qualitäten der 916 desto mehr zum Vorschein, je länger man mit ihr fährt. In langsamen, engen Kurven ist sie spürbar handlicher als eine 888, in schnellen, weiten Bögen dagegen sogar spurstabiler. Und in Wechselkurven erlaubte sie deutlich agilere Schräglagenwechsel als das im Vergleich geradezu behäbige Vorgängermodell. Keine Frage: Mit diesem Motorrad hatte Ducati einen neuen Maßstab unter den Sportmotorrädern gesetzt — zumindest fahrwerksseitig.

Doch auch der Motor konnte sich sehen lassen. Obgleich mit 113 PS im Vergleich zur vierzylindrigen japanischen Konkurrenz eher durchschnittlich motorisiert, verhalf er der 916 zu außergewöhnlichen Fahrleistungen. Mit 255 km/h Höchstgeschwindigkeit gehörte die aerodynamisch geglückte Ducati bei ihrem Debut 1994 zu den schnellsten Maschinen im Lande, doch die Begeisterung weckte der V2 dennoch auf andere Art und Weise.

Fahrdynamik heißt das Zauberwort, hinter dem sich ein bärenstarker Antritt bereits bei 3000/min und ein extrem breites Drehzahlband bis hinauf zur 10000/min-Marke verbirgt. Die ungemein füllige Charakteristik des Motors erlaubt es, die Drehzahl in Kurven bis auf 4000/min fallen zu lassen, und kurvenausgangs trotzdem mit der unnachahmlicher Wucht eines V-Twins nach vorne zu stürmen.

Großer Schritt nach vorn: Nicht nur in Punkto Styling, sondern vor allem auch in Sachen Fahrwerk war die 916 um Welten besser als das Vorgängermodell 888.

Wie gut das Konzept der 916 insgesamt entwickelt worden war, belegen schließlich die Einsätze im Rennsport. Bezieht man alle Hubraum-Varianten, also die 916, die 955 und die 996 mit ein, gelangen Ducati damit unter Carl Fogarty vier (1994, 1995, 1998, 1999) sowie unter Troy Corser eine weitere Superbike-Weltmeisterschaft. Und sogar im Jahr 2001 war die 916 noch nicht in die Jahre gekommen, und schickte sich mit dem stark überarbeiteten Testa Stretta-Motor an, Troy Bayliss einen weiteren Titel zu bescheren. Aber Erfolge gab es nicht nur auf der Rennstrecke. Wie bereits von der 996 gab es

Letzte Instruktionen: Alan Cathcart lässt sich die »Spielregeln« vor der Testfahrt nochmals genau erklären.

auch von der Testa Stretta, was zu deutsch in Anspielung auf den verkleinerten Ventilwinkel übrigens »Enger Kopf« heißt, in Form der 2000 präsentierten 996 R eine homologierte Straßenversion, die das Herz der Ducatisti nochmals höher schlagen lässt.

916 STRADA

Motor:	
Bauart:	4-Takt/90 Grad-V
Zylinderzahl:	2
Ventile je Brennraum:	4
Ventiltrieb:	DOHC
Bohrung in mm:	94
Hub:	66
Hubraum in cm³:	916
Leistung in PS/ Nenndrehzahl in 1/min:	113/9000
Gemischaufbereitung:	
Bauart/Anzahl:	Saugrohreinspritzung
Hersteller:	Weber-Marelli
Durchlass in mm:	50
Kraftübertragung:	
Getriebe/Anzahl Gänge:	Klauen/6
Fahrwerk:	
Reifen v/h:	120/70 ZR 17/ 190/50 ZR 17
Bremse v/Durchm. in mm:	Doppelscheibe/320
Bremse h/Durchm. in mm:	Einzelscheibe/220
Federweg v/h in mm:	120/130
Gewichte und Füllmengen:	
Leergewicht in kg:	211
Tankinhalt in Litern:	17
Höchstgeschwindigkeit in km/h:	255
Baujahre:	seit 1994

Der King: Carl Fogarty verhalf der 916 zu rennsportlichem Ruhm in Form von vier Superbike-Welt-meisterschaften. Hier präsentiert er den Testa Stretta-Motor für das Modelljahr 2001.

Superbike für die Straße: Die 916 animierte ihren Piloten immer nachhaltig zu einer sehr sportlichen Fahrweise, wie Alan Cathcart hier beweist.

Klein aber fein

Auch die im Hubraum verkleinerte Version der 916, die 748, konnte auf Sporterfolge verweisen und wusste mit Ducati-typischen Tugenden zu begeistern. Dies nicht zuletzt in Form der 748 R als Basis-Motorrad für die Supersport-WM.

Ducatis verkleinerte Ausgabe der 916, die 748, auch »desmoquattrina« genannt, hatte über viele Jahre einen eher schweren Stand. Sowohl in den Verkaufsräumen als auch auf der Rennstrecke. Als sich die Begeisterung nach ihrer Präsentation im Jahre 1995 gelegt hatte, sah sich die 748 in einen heftigen Wettbewerb verwickelt. Einerseits konkurrierte sie von den Fahrleistungen her mit japanischen 600er-Supersport-Maschinen, und zum anderen musste sie sich freilich mit der größeren Schwester im eigenen Hause, erst der 916, dann der

Die kleine Schwester: Optisch wie technisch ist die 748 R mit der hubraumstärkeren 996 weitgehend identisch. Drastisch anders ist jedoch die Motor-Charakteristik.

Zentral angeordnet: Die beiden Einspritzdüsen befinden sich wie schon bei den Superbike-Renn-maschinen über den Ansaugtrichtern.

996, auseinandersetzen. Und als Ducati schließlich das ganze Augenmerk der Entwicklung auf die 996 legte, war der 748 wirklich nur noch ein Mauerblümchen-Dasein beschert.

So beschritt Ducati für das Jahr 2000 den Weg, anstatt wie bisher zwei Modellvarianten eine auf drei Versionen ausgeweitete 748er-Baureihe anzubieten. Dabei ging das Bologneser Werk jedoch nicht den Weg, dem straßenzugelassenen Volumen-Modell der 748 eine weiter entwickelte und für den Rennsport homologierte 748 SPS zur Seite zu stellen. Vielmehr beginnt die jetzige Modellpalette am oberen Ende mit der auf 1000 Einheiten

Edel: Die Vorderradführung übernimmt eine Showa-Upside-down-Gabel mit Titannitrit-beschichteten Tauchrohren.

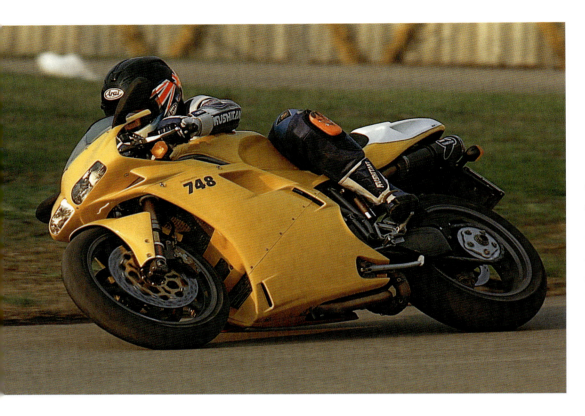

Flotte Gangart: Die 748 R erlaubt auf der Straße wie auf der Rennstrecke flotte Umtriebe. Dazu will das Sechsganggetriebe allerdings fleißig geschaltet werden.

limitierten 748 R, der in Form der 748 beziehungsweise 748 S zwei Basis-Modelle zur Seite gestellt wurden. Und demjenigen, der in dieser Palette immer noch nicht fündig wurde, bot Ducati in Gestalt der 748 RS schließlich eine voll wettbewerbstaugliche Variante an, die exakt auf dem Stand aufgebaut wurde, wie ihn die Herren Paolo Casoli und Ruben Xaus im Jahr 2000 auch in der Supersport-WM einsetzten. Mit diesem Motorrad schrammte Paolo Casoli in dieser Saison denn auch nur um Haaresbreite am WM-Titel vorbei.

Als Ducati den neuen Motor der 748 R entwickelte, wurde das Reglement für die Supersport-Klasse offenbar sehr genau studiert. So wurde etwa gleich der auch in der Rennversion verbaute Ventilhub der Nockenwellen eingeplant, und auch die Ventilgrößen mussten bereits im Serien-Trimm denen des späteren Rennmotors entsprechen. Mit 12,5 Millimetern Hub einlass- und 10,5 Millimetern auslassseitig verfügt die 748 R denn auch über dieselben Werte, wie sie gar im hubraumstärkeren 2000er-Superbike von Carl Fogarty und Troy Bayliss zu finden waren. Hinzu kamen von ehedem 42 auf nunmehr 45 Millimeter angewachsene Drosselklappen-Durchmesser sowie die mittlerweile zentral über den Ansaugtrichtern montierten Einspritzdüsen. Neu gestaltete Kanäle, ein kürzerer Einlasstrakt und eine größere Airbox rundeten die Suche der Ducati-Ingenieure nach Spitzenleistung letztlich ab. Das Ergebnis konnte sich denn auch sehen lassen. Auf 11,5:1 verdichtet, leistet der mit Titanpleueln bestückte 748 R-Motor nun 106 PS bei 11000/min und produziert ein maximales Drehmoment von 75,5 Newtonmetern bei 9000/min.

Im Fahrbetrieb resultieren diese Werte zunächst in Fahrleistungen, wie sie den 916 der ersten Generation gut zu Gesichte gestanden hätten. Gut 250 km/h Höchstgeschwindigkeit sind für ein straßenzugelassenes Supersport-Motorrad ein Wort und marginal weniger als das, was eine 916 anno 1994 zu leisten vermochte.

Völlig anders als bei der 916 oder gar der aktuellen 996 ist hingegen die Art und

Schnittig: Die von der 916/996 übernommene Aerodynamik verwandelt die 106 PS in gut 250 km/h Höchstgeschwindigkeit.

Kraftwerk: Der 748 cm3 große V2 mit vier Ventilen pro Zylinder leistet 106 PS bei 11000/min.

Weise, wie der Motor seine Leistung bereit stellt. Vor dem Hintergrund seiner kleineren Einzelhubräume und des kürzeren Kolbenhubs will er tapfer gedreht werden und kann freilich nicht mit jenen mächtigen Muskeln imponieren, wie es der große V2 der 916/996 in unteren und mittleren Drehzahlen tut.

Im Gegensatz zur alten 748 SPS besitzt die 748 nun auch eine Anti-Hopping-Kupplung, die das Herunterschalten vor Kurven deutlich angenehmer gestaltet. So erinnert sich Alan Cathcart etwa an einen kleinen Ausflug abseits der Rennstrecke, als er bei

Wie gewohnt: Auch bei der 748 R übernimmt eine Einarmschwinge die hintere Radführung.

Testfahrten mit der damaligen 748 SPS-Rennmaschine von Paolo Casoli vor einer Kurve zu rasch und mit zu hohen Drehzahlen herunter schaltete, was die Hinterhand der Ducati extrem zum Stempeln brachte. Solche Unarten sind der neuen 748 R nun völlig fremd, was sich auch im sportlichen Straßenbetrieb als Vorteil erweist.

Wer von der 748 R jedoch einen nur wenig alltagstauglichen Supersportler erwartet, wird angenehm enttäuscht. Sicher, die Sitzposition ist extrem sportlich, doch selbst wenn das Heck maximal angehoben wird, lastet nicht zuviel Gewicht auf den Armen, die sich an den tiefliegenden Lenkerstummeln festhalten. Erste Sahne ist – wie könnte es bei einem 916-Derivat

anders sein – das Fahrverhalten. Im Handling-Fach sogar eine halbe Note besser als die große Schwester, besticht die 748 R mit den Ducati-typischen Tugenden wie absoluter Fahrstabilität bei hohen Tempi, der Gier nach langgezogenen, schnellen Kurven und bestechender Zielgenauigkeit. Kurzum: ein Gedicht.

Besonders erfreulich an der 748 R ist jedoch die Abstimmung des Motors. Ducati gelang es, die Manieren des »kleinen« V2 so hinzutrimmen, dass auch Stadtfahrten mit häufiger Kupplungsbetätigung kein Problem mehr darstellen. Eine geglückte Abstimmung der Einspritzung ist hierfür verantwortlich – es gibt kein Schieberuckeln und kein Verschlucken, wie es den

Spaß auf der alten SPS manchmal vereitelte. Zudem erhielt die überarbeitete Kupplung gleich noch einen neuen Geber-Zylinder, der die Handkraft auf angenehme Werte reduziert.

Schließlich ist es aber immer wieder der Motor, der an der 748 R begeistert. Praktisch ab 2000/min ist er problemlos fahrbar, um dann bei 6000/min ordentlich Muskeln zu zeigen. Wunderschön und ohne Durchhänger zirkelt der V2 dann linear eine Leistungskurve bis zum Maximalwert von 11000/min. Dass für den extrem sportlichen Umtrieb noch eine Drehzahlreserve von 1000/min bis zum Einsetzen des Drehzahlbegrenzers bei 12000/min verbleibt, ist hingegen vor allem auf der Rennstrecke ein Vorteil. Der Motor fällt oberhalb von 11000/min in der Leistung nur wenig ab, und so kann der Fahrer sich auf kürzeren Geraden zwischen zwei Kurven hin und wieder einen Schaltvorgang sparen und stattdessen den Motor etwas überdrehen, was in der Renn-Praxis wertvolle Zehntelsekunden bringt. Damit ist denn auch die Kluft zwischen 748 und 996 kleiner geworden. Zwar verfügt die 748 R nicht über das Drehmoment, aber um schnell mit ihr zu sein, muss eben fleißig geschaltet und der Motor gedreht werden. Und dies bereitet mindestens ebenso viel Spaß, wie lediglich die Drosselklappen zu öffnen und — egal welcher Gang gerade drin ist und welche Drehzahl eben anliegt — allzeit vehementen Vortrieb zu genießen. Das ist es doch im Grunde, was das supersportliche Motorradfahren ausmacht. Und die 748 R ist ein perfektes Werkzeug dafür.

748 R

Motor:	
Bauart:	4-Takt/90 Grad-V
Zylinderzahl:	2
Ventile je Brennraum:	4
Ventiltrieb:	DOHC
Bohrung in mm:	88
Hub:	61,5
Hubraum in cm³:	748
Leistung in PS/ Nenndrehzahl in 1/min:	106/11000
Gemischaufbereitung:	
Bauart/Anzahl:	Saugrohreinspritzung
Hersteller:	Weber-Marelli
Durchlass in mm:	45
Kraftübertragung:	
Getriebe/Anzahl Gänge:	Klauen/6
Fahrwerk:	
Reifen v/h:	120/70 ZR 17/ 180/55 ZR 17
Bremse v/Durchm. in mm:	Doppelscheibe/320
Bremse h/Durchm. in mm:	Einzelscheibe/220
Federweg v/h in mm:	120/136
Gewichte und Füllmengen:	
Leergewicht in kg:	204
Tankinhalt in Litern:	16
Höchstgeschwindigkeit in km/h:	250
Baujahre:	748 ab Ende 1994
	748 R ab 2000

La Ducatina

Klein, schlank und bezaubernd hübsch - allesamt Attribute, die auf die filigrane Supermono passen. Doch nicht nur optisch, sondern auch fahrerisch wusste der Einzylinder-Renner zu gefallen. Alan Cathcart nutzte die »Ducatina ihrem Konzept entsprechend« schonungslos im Rennbetrieb.

Als Alan Cathcart an diesem Tag nach der Auslaufrunde des Rennens in die Boxengasse rollte, fiel ihm unweigerlich wieder der Moment ein, an dem ihm Ducati-Ingenieur Massimo Bordi die ersten Skizzen der Supermono-Rennmaschine zeigte. Damals versprach er: »Dies wird eine Einzylinder-Rennmaschine werden, wie es nie zuvor eine gegeben hat.« Wie recht doch Massimo Bordi haben sollte, wie sich später zeigte. Das war Ende des Jahres 1990. Drei Jahre später, 1993, war Alan Cathcart der erste Fahrer außerhalb der

Klein und gemein: Mit der Ducati Supermono wurde eine erfolgreiche Einzylinder-Rennmaschine auf Basis des V2-Know-Hows geschaffen. Die Fahrdynamik suchte ihresgleichen.

Werksmannschaft, der die neue Rennmaschine als Design-technisches Erst-
lingswerk des damals 36-jährigen Süd-
afrikaners Pierre Terblanche fahren durfte. Aber nicht im Rahmen eines Tests,
sondern eines S.o.S.-Rennens im italienischen Monza als Mitglied des Ducati-
Werksteams.

Im ersten Training genügten Cathcart gerade Mal sieben Runden, um zu begrei-
fen, dass Bordi seinerzeit nicht zuviel
versprochen hatte. In Runde sieben pul-
verisierte der englische Journalist den bis
dahin bestehenden S.o.S.-Rundenrekord
von Luigi dal Maso, und Teamgefährte
Mauro Lucchiari umrundete den 5,8 Kilometer langen Kurs auf dem Werks-Pro-
totypen gar zwei Sekunden schneller als
die von seinem italienischen Landsmann
vorgegebene Runden-Bestzeit.

Dabei fühlte sich die Ducati Supermono,
die von der Werks-Mannschaft liebevoll
»la Ducatina« genannt wurde, gar nicht
wie ein Single, sondern viel eher wie ein
Twin an. und der Einzylinder klang auch
nicht unbedingt wie ein Eintopf – eher
wie, sagen wir, ein Dreiviertel-Twin oder
so ähnlich. Das berichteten jedenfalls
die Zuschauer an jenem Renntag im italienischen Monza.

Dass der Einzylinder mit 75 PS bei
10000/min aus 549 cm³ Hubvolumen
gut im Futter steht, nahm man angesichts
von Bordis besonderer Motorenkonstruk-
tion eher beiläufig zur Kenntnis. Was
im Grunde wesentlich beeindruckender
schien, waren die möglichen Drehzahlen
von bis zu 11000/min sowie der nahezu
vibrationsfreie Lauf des Singles.

*Tiefer Schwerpunkt: Die extrem tiefe Anordnung
des Motors und seiner Nebenaggregate verhalf
der Supermono zu formidablem Handling.*

*Drehfreudig: Entgegen aller Einzylinder-Weisheit
war die Drehfreude der Supermono groß und
die Vibrationen gering. Ein Drehzahlmesser
wurde durchaus benötigt.*

LA DUCATINA

Erfolgreicher Auftakt: Alan Cathcart fuhr gleich beim ersten Renneinsatz mit der Supermono auf Platz zwei hinter seinem Stallgefährten Mauro Lucchiari. 1996 gewann er mit ihr sogar in Daytona.

Diesen erzielte Bordi dadurch, dass er sich bei der Auslegung praktisch am Ducati-V2 der 888 orientierte und im Prinzip deren liegenden Zylinder als Arbeitsorgan übernahm, jedoch mit 100 mm die Bohrung ebenso drastisch vergrößerte, wie mit 70 mm den Hub. Der stehende Zylinder wurde hingegen »amputiert«, und an die Stelle des am Pleuel montierten Kolbens trat ein Ausgleichsgewicht, das in Sachen Massenausgleich in der Praxis für V2-Verhältnisse und damit für äußerst vibrationsarmen Lauf sorgte: das sogenannte »doppia bielletta«-System. Betrachtete man die nackten Zahlenwerte von Leistung und Gewicht, war für die Ducati kein Vorteil gegenüber der arri-vierten Konkurrenz auszumachen. 75 PS und 123,5 Kilogramm mit Öl und Wasser aber ohne Benzin waren gerade Mal Klassen-Durchschnitt. Und dennoch vermochte sie den meisten ihrer Konkurrenten ein Schnippchen zu schlagen – einfach deshalb, weil das Gesamtpaket von Bordi so gut geschnürt wurde.

Im Gegensatz zu allen anderen Motorrädern dieser Klasse war die Supermono kein Motorrad mit einem Enduro-Einzylinder als Basis, der oberhalb von 8000/min nur noch unwillig drehte und zudem derb vibrierte. Hinzu kam die perfekt abgestimmte Einspritzanlage, die eine vorbildliche Leistungskurve zauberte und formidable Gasannahme gewährleistete.

Das Werk lässt grüßen: Die Supermono fügte sich mit ihrer Bauweise ganz in die technische Linie von 888, 926 und 916 ein.

Kein Leistungsloch hier oder gar Verschlucker dort.

Allerdings hatte daran auch der Doppelrohr-Werksauspuff seinen gebührenden Anteil, wie sich später dann herausstellen sollte. Als Cathcart nämlich seine persönliche Supermono-Rennmaschine in Empfang nehmen und daraufhin bei einem Lauf zur Holländischen Meisterschaft einsetzen durfte, war an dieser Maschine die für Privatfahrer übliche Einrohr-Auspuffanlage montiert, die im Bereich von 5500 bis 7500/min für einen spürbaren Drehmomenteinbruch sorgte. Selbst Abstimmungsversuche über anders programmierte Eproms schlugen hier fehl. So war zumindest bei der Privatfahrer-Ausgabe der Supermono fast schon zweitaktmäßige Grand Prix-Erfahrung notwendig, um den Single in dem auf 3500/min geschrumpften Drehzahlband zwischen 7500 und 11000/min zu halten. Hilfreich dabei war wenigstens das wunderbar leicht zu schaltende Sechsgang-Getriebe.

Die wahre Stärke der »Ducatina« lag indes im Package, wie der Engländer zu sagen pflegt. Obwohl Bordi nicht wie von vielen Insidern erwartet den stehenden Zylinder des V2 für seinen Einzylinder-Motor verwendete, gelang ihm ein sensationell kurzer Radstand von nur 1360 Millimetern. Der größte Vorteil, den Bordis Lösung aufwies, lag aber im extrem tief lie-

Mit Form-Gefühl: Der südafrikanische Designer Pierre Terblanche zeichnete die Formen der wunderschönen Ducati Supermono.

Trick 17 mit Vibrations-Überlistung: Massimo Bordi spendierte dem Single einfach ein zweites Pleuel und ein Ausgleichsgewicht. Basta!

genden Schwerpunkt, der die Supermono praktisch fast wie ein Fahrrad durch die Schikanen eilen lies. Zudem sorgten der tiefe Schwerpunkt in Verbindung mit 66,5 Grad Lenkkopfwinkel sowie 92 Millimetern Nachlauf für ein außerordentlich stabiles Fahrverhalten in sehr schnellen Kurven. Ganz besonders augenfällig wurde diese Stabilität beim Rennen in Monza in der Curva Grande, einer der wohl welligsten Kurven, die es auf einer europäischen Rennstrecke überhaupt gibt. Hier spielten schließlich die ganz ausgezeichnet arbeitenden Öhlins-Federelemente ihre Qualitäten aus. Selbst das hintere Federbein, das in Cantilever-Manier über keinerlei Umlenk-Hebelei verfügte, überzeugte mit sehr sensiblem Ansprechverhalten und einer nahezu perfekten Dämpfungsarbeit. »Wir wollten das Motorrad so leicht wie möglich bauen, und eine Umlenk-Hebelei hätte da schlecht zu Buche geschlagen«, erklärte der damalige Projekt-Ingenieur und heutige technische Renn-Direktor von Ducati, Claudio Domenicali. Als kleine Unzulänglichkeit stellte sich bei den ersten Supermonos der Zylinderkopf heraus, der bei heftigen Bremsmanövern Kontakt mit dem Vorderrad bekam. »Dies ist augenblicklich noch ein modifizierter 888-Zylinderkopf, aber wir haben schon einen neuen, kürzeren Kopf, der dieses Problem beseitigen wird«, erklärte Domenicali hierzu.

Wie wunderbar die Supermono im Rennen zu fahren war, erlebte Alan Cathcart schließlich bei besagtem Rennen in Monza. Zwar verspielte er seinen Vorteil eines Startplatzes in der ersten Reihe zunächst mit einem verschlafenen Start, doch vermochte er sich von Platz zwölf am Anfang letztlich bis auf Rang zwei durch zu kämpfen. An Position sechs liegend schenkte ihm die Supermono dabei derart viel Vertrauen, dass es ihm gelang, den Dritt-, Viert- und Fünftplatzierten vor der Parabolica mühelos auf ein Mal auszubremsen und damit zunächst Platz drei zu sichern. Am Ende wurde sogar ein zweiter Rang hinter Mauro Lucchiari daraus, da die favorisierte BYRD-Yamaha mit Motorschaden ausfiel.

Weitere Erfolge reihten sich in den folgenden Jahren für Alan Cathcart und die Supermono aneinander. Im selben Jahr, 1993, gewann Alan die Japanische Meisterschaft sowie die Holländischen Dutch Open. 1994 wurde er hinter Thomas Körner Zweiter in der European Supermono. 1995 trat Alan mit der Supermono dann beim S.o.S. Formula 1-Rennen in Daytona an und sicherte sich Platz zwei hinter Thomas Körner, der ihn auf der Uno-Rotax praktisch in letzter Sekunde abfing, und 1996 gewann er den Event in Daytona schließlich, verpasste dafür aber nur um zwei winzige Pünktlein den Gewinn der European Supermono-Meisterschaft. Wie gut die Supermono war, zeigte sich auch in der B.E.A.R.S. Worldseries 1996 in Daytona. damals streikte Alan's Vee Two-Bimota wegen gerissener Kette, er schwang sich kurzerhand auf die Supermono – und wurde gegen eine Armada von starken Zwei- und Dreizylinder-Bikes sensationell Vierter. Kein Wunder, dass Alan noch heute schwärmt: »Keine Frage, dass die Supermono immer zu meinen absoluten Lieblings-Motorrädern zählen wird.«

SUPERMONO

Motor:	
Bauart:	4-Takt
Zylinderzahl:	1
Ventile je Brennraum:	4
Ventiltrieb:	DOHC
Bohrung in mm:	100
Hub:	70
Hubraum in cm³:	549
Leistung in PS/ Nenndrehzahl in 1/min:	75/10000 (am Getriebeausgang)
Gemischaufbereitung:	
Bauart/Anzahl:	Saugrohreinspritzung/1
Hersteller:	Weber-Marelli
Durchlass in mm:	47
Kraftübertragung:	
Getriebe/Anzahl Gänge:	Klauen/6
Fahrwerk:	
Reifen v/h:	310/480-17/ 150/60-17
Bremse v/Durchm. in mm:	Doppelscheibe/280
Bremse h/Durchm. in mm:	Einzelscheibe/190
Federweg v/h in mm:	110/140
Gewichte und Füllmengen:	
Leergewicht in kg:	123,5 mit Öl und Wasser, ohne Benzin
Tankinhalt in Litern:	15
Höchstgeschwindigkeit in km/h:	235 (Monza)
Baujahre:	1993/1994

Drehfreude pur

Mit der 748 schuf Ducati das erfolgreiche Äquivalent zur 916 für die Supersport-Klasse. Im Gegensatz zum Superbike erforderte die Rennversion des Supersport-V2 mit dem kleineren Hubvolumen jedoch ständig hohe Drehzahlen für schnelles Vorankommen. Ducati holte mit ihr 1995 und 1996 den Supersport-EM-Titel nach Bologna.

In den beiden ersten Jahren, in denen Ducati die lange angekündigte, verkleinerte Version der 916, die 748, im rennsport einsetzte, dominierte das Äquivalent zu den japanischen 600er-Vierzylindern die Supersport-Klasse. 1995 errang der 1998 in Monza tödlich verunglückte belgische Pilot Michael Paquay den Titel in der Supersport-Europameisterschaft, und auch 1996 heimste mit Fabrizio Pirovano ein Ducati-Pilot den Supersport-Titel ein.

Im belgischen Zolder hatte Alan Cathcart 1996 die Möglichkeit, Pirovanos Sieger-Motorrad zu bewegen, das unter der Bewerbung des belgischen Teams Alstare Corona eingesetzt wurde.

Genau wie die Serien-748 in ihren verschiedenen Versionen drängt sich auch bei der Rennversion der 748 SP der Eindruck auf, dass weniger zumindest für den Durchschnittsrennfahrer auch mehr sein kann. Jedenfalls attestierte Alan Cathcart dem drehfreudigen und weniger drehmomentstarken Motor einen weitaus höheren Spaß-Faktor, als ihn etwa die stärkere 916 zu bieten hat. In der 996-Version müssen die Piloten zweifellos vom Schlage eines Carl Fogarty oder Troy Corser sein, um deren Möglichkeiten wirklich voll auszukosten. Bei der 748 SP-Rennmaschine von Fabrizio Pirovano war das anders.

Auch sie beschleunigte ab 6000/min zügig, wenngleich sich erst ab 7500/min

SP wie Sport Production: Mit der 748 SP holte sich Ducati zwei Supersport-Europameisterschaften.

das für den Rennbetrieb relevante Drehzahlband eröffnete. Wirklich loderndes Viertaktfeuer stellt sich sogar erst ab 10000/min bis zur Drehzahlgrenze von 12000/min ein. In diesem Bereich stellt die 748 SP mächtig Leistung bereit, und der Fahrer ist – will er um den Sieg kämp-

Wollte gedreht werden: Erst im Bereich von 10000 bis 12000/min produzierte das 748 SP-Triebwerk richtigen Biss.

Identische Silhouette: Reglementsbedingt entsprach die 748-Form der Serie. Ducatiintern hielt sie sich an die 916.

fen – angehalten, sie auch fast ständig in diesem Bereich zu bewegen. Erleichtert wird eine solche Fahrweise freilich durch das leicht und exakt zu schaltende Getriebe, das dem Drehzahlband entsprechend eng abgestuft ist.

In der Abstimmung, die Fabrizio Pirovano für die Saison gewählt hatte, verfügte die 748 SP über den steileren der beiden über die Exzenter-Scheiben möglichen Lenkkopfwinkel: 66,5 Grad sowie eine hoch eingestellte Heckpartie. Das Ergebnis war ein für Ducati-Verhältnisse sehr handliches Motorrad, das in schnellen Streckenabschnitten jedoch entsprechend nervös wurde. Doch diesen Schönheitsfehler

Bekannt: Das Layout der 748 SP entsprach bis auf den geringeren Hubraum dem der 916.

nahm Pirovano gerne in Kauf, sammelte er mit dieser Abstimmung dafür doch vor allem in Schikanen und Wechselkurven deutliche Pluspunkte.

Einen besonderen Bonus erhielten die 748 SP-Fahrer seinerzeit bei heftigen Bremsmanövern. Die mächtigen, für die 748 SP homologierten 320 Millimeter-Gussscheiben von Brembo sorgten zusammen mit den

Vierkolben-Bremssätteln von Brembo für enorme Verzögerungswerte, und bediente sich der Fahrer zudem noch der kräftigen Bremswirkung des Motors, so war der japanischen Konkurrenz in dieser Hinsicht überlegen. Die in der 748 SP eingebaute Anti-Hopping-Kupplung erlaubte heftigstes Herunterschalten vor Kurven selbst mit höchsten Drehzahlen, und dennoch

Hart im Nehmen:
Mit der extrem hart
abgestimmten Gabel
am Pirovano-Motorrad
war Alan Cathcart
überhaupt nicht
einverstanden.

wurde das Hinterrad nicht zum Stempeln getrieben, sondern die Heckpartie blieb vorbildlich ruhig.

Ein eher merkwürdiges Setup fand Alan hingegen bei den Federelementen vor. Fabrizio Pirovano hatte seine 748 SP kurz gesagt knallhart abgestimmt. Eine Vorgehensweise, die beim damaligen japanischen Seriengerät und deren Federele-menten hin und wieder sinnvoll schien, um Fahrstabilität zu erreichen. Nicht jedoch bei der 748 SP, die hinten wie vorne mit hochwertigen Öhlins-Federelementen ausgestattet war, die bereits in moderater Einstellung straffe Werte für Federung und Dämpfung lieferten. Um so kurioser mutete Fabrizios Setup an, wog der kleine Italiener doch gerade Mal 62 Kilogramm, Alan

DREHFREUDE PUR

Muss so sein: Das Supersport-Reglement schreibt bis heute profilierte und frei käufliche Straßenreifen vor.

Hoch angestellt: Zur Verbesserung der Handling-Qualitäten stellte Fabrizio Pirovano das 748-Heck sehr hoch.

Cathcart hingegen stramme 80. Mit dem hinteren Federbein kam der Engländer gerade noch klar, doch die Gabel empfand er als eindeutig zu hart abgestimmt. Pirovano legte darauf aber besonderen Wert, da er beim Bremsen die Front stets so gering wie möglich eintauchen lassen wollte. Freilich bedeutete diese Abstimmung gleichzeitig aber auch, dass die Pirovano-Ducati Bodenwellen nicht besonders mochte. In der ersten Kurve nach Start und Ziel im belgischen Zolder etwa zeigte das Vorderrad starkes Chattering, und die

Ducati zog extrem untersteuernd ihre Bahn. Hier zeigte sich, dass auch die 748 SP wie ihre große Schwester sensibel auf Abstimmungen und Fahrergewichte reagiert. Mit mehr Zugstufe in der Dämpfung lies sich das Symptom schließlich kurieren.

Unterm Strich bewies die 748 SP indes, dass sie völlig zu Recht die Maschine des Europameisters von 1995 und 1996 geworden war. Entgegen mancher japanischen Konkurrenz-Maschine leistete sie sich in keinem Punkt eine wirkliche Schwäche, verlangte jedoch stets nach intensiver Wartung.

Für den Erfolg in diesen beiden Jahren garantierte aus technischer Sicht stets Rolando Simonetti, der französische Desmo-Guru, der schon die Werks-Maschinen vorbereitete, die Raymond Roche mit der 888 1990 zum Superbike-WM-Titel trugen. »Wir erhalten den Werks-Motor direkt von Ducati, warten ihn aber komplett selbst. Er ist mit den Kundenmotoren identisch, das Einzige, was das Werk extra für uns macht, ist, die Teile sorgfältig auszuwählen und einander anzugleichen. Wir verwenden die serienmäßigen Nockenwellen, doch die Kanäle und Brennräume werden nachträglich bearbeitet. Außerdem montieren wir eine Termignoni-Auspuffanlage, deren Durchmesser mit 52 Millimetern zwei Millimeter über der Standard-Version liegt«, erklärte Simonetti hierzu. Den höheren thermischen Belastungen mit einem größeren 916 Corsa-Kühler angeglichen, leistete die 748 SP von Fabrizio Pirovano 1996 115 PS bei 11800/min am Hinterrad.

748 SP

Motor:

Bauart:	4-Takt/90 Grad-V
Zylinderzahl:	2
Ventile je Brennraum:	4
Ventiltrieb:	DOHC
Bohrung in mm:	88
Hub:	61,5
Hubraum in cm³:	748
Leistung in PS/ Nenndrehzahl in 1/min:	115/11.800 (am Hinterrad)

Gemischaufbereitung:

Bauart/Anzahl:	Saugrohreinspritzung
Hersteller:	Weber-Marelli
Durchlass in mm:	42

Kraftübertragung:

Getriebe/Anzahl Gänge:	Klauen/6

Fahrwerk:

Reifen v/h:	120/60-17/ 170/55-17
Bremse v/Durchm. in mm:	Doppelscheibe/320
Bremse h/Durchm. in mm:	Einzelscheibe/220
Federweg v/h in mm:	120/130

Gewichte und Füllmengen:

Leergewicht in kg:	172 mit Öl und Wasser, ohne Benzin
Tankinhalt in Litern:	17

Höchstgeschwindigkeit in km/h:	268
Baujahre:	1996

Vom anderen Stern

Mit der 916 in Form der 955er-Werks-Version schockte Ducati 1994 und 1995 die Konkurrenz. »King« Carl Fogarty eilte mit ihr von Sieg zu Sieg und gewann überlegen zwei Mal die Superbike-WM. Auf 996 cm³ vergrößert, führte auch in den Folgejahren kaum etwas am Bologneser Boliden vorbei. Alan Cathcart und Jürgen Gaßebner fuhren die Werks-Motorräder in den Jahren 1995 bis 2000.

Waren bereits die 888 und 926 erfolgreiche Motorräder, so vermochten die Rennmaschinen auf der Basis der 916 sie mit Leichtigkeit in den Schatten zu stellen. Mit zwei Millimetern mehr Hub trat Ducati 1994 zunächst mit 955 cm³ an, der V2 war im neu gezeichneten Rahmen um drei Grad gedreht eingebaut worden, um nun maximal 66,5 statt wie bisher 65,5 Grad maximalen Lenkkopfwinkel zu ermöglichen. Im Verein mit dem von 1430 auf 1410 Millimeter verkürzten Radstand wurden so – nach anfänglichen Schwierigkeiten

– die bisher bei der 888/926 bestehenden Handling-Probleme wirksam kuriert. Eine stark verbesserte Aerodynamik sorgte gegenüber dem alten Modell zudem für deutlich erhöhten Topspeed. Auch triebwerksseitig vermochte Ducati nochmals deutlich zuzulegen, und mit 151 PS bei 11200/min leistete bereits die erste Werks-955 fast zehn PS mehr als die letzte 926-Version, die Carl Fogarty einsetzte. Noch mehr Leistung im unteren und mittleren Drehzahlbereich gingen mit einem spürbar stärkeren Biss oberhalb von 10000/min einher, und für 1995 wurde

Die erfolgreichste 916-Version aller Zeiten. Mit der 955 von 1995 gewann Carl Fogarty 13 Rennen und damit überlegen seine zweite Superbike-WM.

Trickreiche Airbox: Das mächtige Luftfiltergehäuse sorgt nicht nur für optimale Ansaugluft, sondern versteift zusätzlich auch noch den Rahmen.

die Leistung schließlich auf 154 PS bei 11200/min am Hinterrad angehoben. Mit dem Gewinn der Superbike-Weltmeisterschaften 1994 und 1995 und insgesamt 23 Siegen durch Carl Fogarty im Team von Virginio Ferrari wurde die Arbeit der Ducati-Entwicklungsmannschaft denn auch nachhaltig bestätigt.

Am durchschlagenden Erfolg der 955 vermochte nicht ein mal die Reglementsänderung von 1994 auf 1995 etwas zu ändern, die eine Anhebung des Gewichtslimits der Twins von 145 auf 155 Kilogramm (gewogen mit leerem Tank, inklusive Wasser und Öl) etwas zu ändern. 1995 ging als das erfolgreichste Jahr der Rennsport-Geschichte von Ducati ein. Insgesamt gewann das Werk mit Carl Fogarty, Troy Corser, Mauro Lucchiari und Pierfrancesco Chili 21 der 24 Superbike-

WM-Rennen. Wenn das keine Dominanz darstellte?

Diese Dominanz führte aber auch dazu, dass sich Ducati 1995 mit der Weiterentwicklung des Motors betont zurück hielt. nach außen zumindest. Der vergrößerte 996-Triebling war bereits zu Beginn 1996 einsatzbereit, wurde jedoch nur zwei Mal eingesetzt. Beim Rennen in Hockenheim sowie beim Saisonfinale im australischen Phillip Island.

Im italienischen Mugello testete Alan Cathcart die 1995er-Maschine von Carl Fogarty, während ihm die auf 996 cm³ vergrößerte Version 1996 für Tests in Assen zur Verfügung stand. Die beiden Werksmaschinen von Carl Fogarty und Neil Hodgson konnte wiederum Jürgen Gaßebner 1997 exklusiv in Hockenheim bewegen, während beide Autoren zusammen mit

Wie aus einem Guss: Auch die 955-Rennmaschine musste sich Reglements-konform an die Serien-Silhouette halten. Geschadet hat ihr das jedoch in keinem Fall.

Katja Poensgen 1998 die Werks-Ducati von Troy Corser und Pierfrancesco Chili im österreichischen Zeltweg ausführlich unter die Lupe nehmen konnten.

Die morgendlichen zehn Grad Außentemperatur konnten Katja Poensgen, Alan Cathcart und Jürgen Gaßebner diesen Tag im August 1998 kaum vermiesen, eher schon der drohende Regen, der in Form von dicken grauen Wolken wie ein Damoklesschwert über den angesetzten Testfahrten mit den Werks-Ducati aus dem Team ADVF Ducati Corse von Virginio Ferrari hing. »Hoffentlich hält Petrus dicht«, hofften wir, als uns Virginio in der Box empfing. »Am besten ist's, wir fangen gleich an«, entschied der sympathische Italiener und wies uns auf unserem Arbeitsgerät für die nächsten Stunden ein. Erster Gang oben, und wenn ihr rechts am Griff dreht, wird's lauter, et cetera. Ein besonders eifriger Mechaniker Troy Corsers kümmerte sich mit vorbildlicher Professionalität um Katja, stellte ihr die Handhebel für Kupp-

lung und Bremse ein, justierte die richtige Position für Schalt- und Fußbremshebel, und schließlich erkundigte er sich beiläufig auch noch nach der Telefonnummer der damals 21-jährigen Mindelheimerin, die in diesem Jahr mit ihrem Titelgewinn im Supermono Cup einen großen Sprossenabstand auf der Karriereleiter genommen hatte. Nach jener eindrücklichen Demonstration italienischen Charmes wandten wir uns dem Business zu. Die Motoren der Maschinen von Pierfrancesco Chili- und Troy Corser waren bereits angewärmt, und hinaus ging's auf den Berg- und Talkurs in der Steiermark, auf dem das Ducati-Werksteam gerade 24 Stunden vorher eine empfindliche Schlappe hinnehmen musste. »Wir haben zu viele Punkte verloren, viel zu viele«, grübelte Virginio Ferrari noch am Abend im Fahrerlager, und angeblich sollen es an diesem Rennsonntag die nachlassenden Reifen gewesen sein, doch wie wir später von Virginio erfahren hatten, waren Corsers Motoren leistungs-

Der Chef: Carl Fogarty holte auch 1999 den Titel, und hätte er sich 2000 in Phillip Island nicht so schwer verletzt, hätte er um Titel Nummer fünf fraglos ein starkes Wörtchen mitgeredet. Nebenbei bemerkt: Der als höchst exzentrisch geltende Engländer ist privat übrigens ein richtig netter Kerl.

mäßig nicht ganz auf der Höhe. Wir freilich hatten mit den Reifen überhaupt kein Problem, eher schon damit, das aufstrebende Vorderrad im Zaum zu halten.

Doch nach einigen Runden gewöhnten wir uns daran und hatten Spaß, ausgangs der Rechtskurve nach Start und Ziel den Ducati-V2 bis hin zur optimalen Schaltdrehzahl von 11700/min zu jubeln — und dabei das Vorderrad federleicht über die Curbs tänzeln zu lassen.

Katjas erste Fahreindrücke lasen sich folgendermaßen: »Die ersten Runden lang versuche ich meinen Rhytmus zu finden, und da meine Supermono ja doch um einiges langsamer ist, muss ich zunächst einmal neue Bremspunkte ausmachen. Aus dem Augenwinkel heraus sehe ich Troy Corser mit dem Roller an der Strecke stehen. Ich werde beobachtet. Prompt unterläuft mir natürlich ein kleiner Fehler — ich hatte den Speed der Ducati wohl einfach unterschätzt, bremse zu spät und komme von der Ideallinie ab. `Hoffentlich fährt die nicht überall so', mag sich der Troy in diesem Moment wohl gedacht haben.«

Im Vergleich zum 1997er-Motorrad von Carl Fogarty, das wir in Hockenheim bewegen durften, war die Maschine von Troy Corser deutlich verändert. Viel stabiler lag sie bei höheren Geschwindigkeiten und fuhr so präzise und zielgenau, wie wir es von einer Rennmaschine erträumen. Freilich forderte auch diese jüngste Entwicklungsstufe der Novocentesedici — der 916, die 1994 erstmals auf die Rennstrecke

*Foggy's Ungeliebte: Jürgen Gaßebner durfte in Hockenheim die starke, aber wenig fahrstabile 996er des Jahrgangs 1997 testen.
Carl Fogarty hasste dieses Motorrad.*

ling, sondern auch mehr Last auf dem Vorderrad, was das Motorrad beim Herausbeschleunigen aus Kurven wesentlich stabiler erscheinen ließ. Außerdem, so sagt uns Carl Fogarty bei einem späteren Termin, wurde die Motorabstimmung gegenüber dem 97er-Motorrad deutlich verbessert, was das Ansprechverhalten und die Leistungsabgabe anbelangte.

Katja allerdings empfandet das Motorrad von Pierfrancesco Chili als etwas sympathischer für ihren persönlichen Fahrstil: „Chilis Maschine liegt mir mit dem in Grand Prix-Manier stärker angehobenen Heck besser, denn sie lenkt williger ein. Auch sind die Handlingeigenschaften gerade in der Wechselkurve durch den kürzeren Radstand besser, wohingegen sie beim Beschleunigen aber auch deutlich stärker zu Wheelies neigt. Vielleicht liegt es aber auch nur daran, dass Chilis Motor besser geht.“

Wie Virginio Ferrari auf unsere etwas penetrante Nachfrage schließlich erklärte, hatte die Niederlage Troy Corsers beim Rennen am Vortag nicht nur etwas mit den Reifen zu tun. »Der Motor war wirklich etwas müde, und ihr fahrt gerade die Maschine mit der er den zweiten Lauf bestritten hat«, erklärte der in Monte-Carlo lebende ehemalige 500er Vize-Weltmeister und TT-F1-Champion von 1987.

Gleichsam wie die stoische Ruhe und Souveränität der Werks-996 gerade in Troy Corsers Abstimmung den Piloten aber fahrwerksseitig mit Stabilität verwöhnte, hinterließ der überarbeitete Motor dennoch einen kurz gesagt phantastischen Eindruck. Den Ducati-Ingenieuren gelang

und mit Fogarty gleich zu WM-Lorbeer kam — etwas Nachdruck beim Einlenken in Kurven, doch das Handling konnten die Ingenieure in Bologna über die Jahre immer wieder deutlich verbessern. Vier Millimeter kürzere Zylinderköpfe und tiefer in den Kopf hineingefräste Brennräume samt Ventiltaschen sparten etwas Baulänge und erlaubten im Verein mit leicht abgefrästen Ventildeckeln, die mächtige Öhlinsgabel noch etwas steiler anzustellen, ohne wie bisher dann mit dem Vorderrad den Ventildeckel des liegenden Zylinders beim harten Anbremsen anzuscharren. Damit einher ging freilich nicht nur besseres Hand-

Zwölf Herren und eine Lady: Katja Poensgen testete zusammen mit Alan Cathcart und Jürgen Gaßebner die Werksmaschinen von Virginio Ferrari, Baujahr 1998, im österreichischen Zeltweg.

es, durch sorgsamen Massenausgleich für einen völlig vibrationsfreien Lauf des 90 Grad-V2 zu sorgen. Dabei spielte es übrigens keine Rolle, ob wir uns bei 4500/min oder 7000/min höher in der Drehzahlleiter befanden. So kultiviert und mit einem derartig hohen Maß an Fahrbarkeit ausgestattet wie dieses Aggregat, hing bisher nur das V4-Triebwerk der Honda RVF 750 RC45 am Gas, das wir in den vergangenen Jahren ja am Saisonende auch stets auskosten durften. Hut ab, liebe Bologneser, vor dieser Leistungscharakteristik und Laufkultur.

»Ja, in der Tat, wir haben den Leistungs- und Drehmomentverlauf gegenüber dem Vorjahr so geändert, dass der Motor nun im unteren Drehzahlbereich nicht mehr so brutal zupackt, dafür aber vor allem im mittleren und oberen Drehzahlbereich mehr Leistung hat«, erklärte Virginio Ferrari zu diesem Thema. Auf Umwegen bekamen wir sogar Einblick in das Innenleben des Werks-Motors, und die Änderungen gegenüber dem Vorjahr bestätigten das, was Teamchef Ferrari bereits andeutete. Einschneidendste Änderung war dabei die Vergrößerung der Ventildurchmesser von einlassseitig 37 auf 39 und auslassseitig 31 auf 32 Millimeter, was als klares Bekenntnis der Techniker hin zu mehr Leistung in oberen Drehzahlen gewertet werden durfte. Nockenwellen mit schärferen Steuerzeiten und 13 Millimetern Ventilhub

VOM ANDEREN STERN

Schritt nach vorn: Richtig fliegen ließ es 1998 der aus dem Grand Prix zurückgekehrte Troy Corser. Ein schwerer Sturz im Training beim letzten WM-Lauf in Sugo kostete ihn den Titel, der schließlich an Foggy ging.

taten letztlich ihr übriges. Gegenüber dem in einer Auflage von 20 Stück gefertigten Production Racer 996 Racing fielen beim Werks-Motor neben den bereits beschriebenen Änderungen auch 40 Gramm leichtere Titanpleuel, um einen auf 20 Millimeter Durchmesser reduzierte Kolbenbolzen sowie ein 27 Gramm leichteres Primärstirnrad ins Gewicht. Alle diese Modifikationen verhalfen dem V2 zu noch spontanerem Hochdrehen und damit zu besserer Beschleunigung am Kurvenausgang – ein Faktor, bei dem vor allem 1997 die Werks-Honda klar den Maßstab setzten.

Unser Resümee dieses Testtages fiel denn auch eindeutig aus. Ducati hatte im Vergleich zum Vorjahr die 996 in Punkto Fahrbarkeit drastisch weiterentwickelt und konnte besonders im Hinblick auf den Motor den Anschluss zu Hondas RC 45 halten, wenngleich gerade auf schnellen Strecken wie dem A1-Ring das japanische Produkt 1998 Beschleunigungsvorteile besaß. Fahrwerksseitig konnte die Handling-Misere, die erfahrene Piloten einer Straßen-916 bestätigen können, im Rahmen der vorhandenen Möglichkeiten gemildert, aber leider nicht vollständig beseitigt werden.

Was hingegen das Fahrerlebnis anbelangte, lassen wir Katja Poensgen das Schlusswort: »Es war überwältigend, mit diesem Top-Material einige Runden zu drehen, noch dazu betreut von einem Team rassiger Italiener. Und mit einer Zeit von 1:36,6 Minuten konnte ich bei meinem ersten Kontakt mit einem WM-Superbike auch beweisen, dass die Power-Boliden nicht nur was für Männer sind.« Wie überlegen das Konzept der Ducati 916 beziehungsweise 996 für Superbike-WM letztlich war, bewies die Bilanz seit 1994: Fünf WM-Titel gewann der rote Renner aus Bologna, viermal unter Carl Fogarty sowie ein weiteres Mal unter Troy Corser. Und ein Ende des 916-Erfolges war selbst zur Jahrtausendwende nicht in Sicht. In der Saison 2000 bewies Carl Fogarty zu Anfang, dass er auch diesmal wieder zu den Siegern gehören würde. Jedoch vereitelte ihm ein tragischer Unfall und eine dabei erlittene Schulterverletzung nicht nur diesen Beweis, sondern zwang ihn gar zum endgültigen Rücktritt vom Rennsport.

Aus dem offensichtlichen dunklen Loch, in das die Ducati-Werksmannschaft damit 2000 gestürzt wurde, arbeitete sie sich nur langsam wieder heraus. Schließlich hieß der designierte Nachfolger Carl Fogartys Troy Bayliss, der zusammen mit seinen Markengefährten Ben Bostrom und Ruben Xaus nicht nur fahrerisch einen Generationswechsel einläutete. Mit dem Einsatz des neuen »Testa Stretta«-Motors fand auch technologisch ein Generationswechsel statt. Die Reduzierung des Hubs auf 63,4 Millimeter bei 100 Millimetern Bohrung ergab nun 998 cm³ Hubraum, weit mehr als 170 PS Leistung am Hinterrad und Drehzahlen jenseits der 13000/min. Kürzere Zylinderköpfe mit steilerem Ventilwinkel waren zudem nicht nur für einen erheblich gesteigerten Gasdurchsatz verantwortlich, sondern erlaubten durch die reduzierte Baulänge des liegenden Zylinders auch eine weiter vorne liegende Positionierung des Motors sowie einen noch steileren Lenkkopfwinkel. Im Chassis der 916 galt der »Testa Stretta«-Motor aber dennoch nur als Übergangslösung für 2001. Für das Jahr 2002 hatte Ducati ein völlig neues Motorrad mit diesem Triebwerk angekündigt. Die 999.

955 / 996

Motor:

Bauart:	4-Takt/90 Grad-V
Zylinderzahl:	2
Ventile je Brennraum:	4
Ventiltrieb:	DOHC
Bohrung in mm:	96 (98)
Hub:	66
Hubraum in cm³:	996
Leistung in PS/ Nenndrehzahl in 1/min:	154/11200 (1995 am Hinterrad) / 161/11200 (1996 am Hinterrad) bzw. 172/11300 (1998 am Hinterrad))

Gemischaufbereitung:

Bauart/Anzahl:	Saugrohreinspritzung
Hersteller:	Weber-Marelli
Durchlass in mm:	54 (54 / 60)

Kraftübertragung:

Getriebe/Anzahl Gänge:	Klauen/6

Fahrwerk:

Reifen v/h:	12/61-17/ 18/67-17
Bremse v/Durchm. in mm:	Doppelscheibe/320
Bremse h/Durchm. in mm:	Einzelscheibe/200
Federweg v/h in mm:	120/130

Gewichte und Füllmengen:

Leergewicht in kg:	148 / 153 (160) mit Öl und Wasser, ohne Benzin
Tankinhalt in Litern:	23
Höchstgeschwindigkeit in km/h:	293 (303 / 311)
Baujahre:	1994 / 1995 / 1996 / 1998

Kapitel 7:

Das neue Jahrtausend

Die Jahrtausendwende feiert Ducati mit einem ganz besondern Motorrad: der MH 900e (Mike Hailwood). Diese von Pierre Terblanche gestylte 900er (s. Foto u.) wird ausschließlich über das Internet verkauft. Das Interesse war so gigantisch, dass weltweit

2000 Bestellungen vorlagen. Ducati sah darin eine Bestätigung seiner neuen Strategie und begann in der Folge, weitere Modelle wie die 996R und die Monster S4 Fogarty ausschließlich über das Internet zu vertreiben. Und noch ein Grund, die Korken knallen zu lassen: Es galt, die 100000. Monster zu feiern, die das Werk seit 1993 gebaut hatte. Ob dieser große Erfolg auch die auf dem Mailänder Saison präsentierten Konzeptstudie „Multistrada" erreichen würde, blieb zu bezweifeln. Einmal mehr stand da eine Maschine zur Wahl, die die Fangemeinde spaltete.

Im September 1996 hatte TPG (Texas Pacific Group) Ducati übernommen. Die Investorengruppe modernisierte Marketing und Vertrieb, verbesserte die Produkt- sowie die Fertigungsqualität und modernisierte die Produktion. Damals war eine Zielvorgabe gewesen, den Ausstoß auf 200 Motorräder täglich zu steigern. Das wirkte zunächst bestenfalls utopisch, Ducati schaffte gerade Mal 25 Einheiten am Tag. Knapp vier Jahre später hatte das Team um Massimo Bordi das Ziel erreicht: Die magische Marke fiel in Bologna erstmals am 17. Mai 2000 - „Nicht das Endziel", wie Bordi betonte, „wohl aber ein wichtiger Meilenstein auf dem Weg dahin, den Wünschen und Bedürfnissen unserer Ducati-Enthusiasten noch mehr gerecht zu werden." Wirtschaftlich also ging es aufwärts, dafür setzte eine sportliche Talfahrt ein. Das Millenium-Jahr wurde für Ducati Corse zur Katastrophe: Schlechter schnitten die Roten in einer Saison noch nie ab. Allerdings war das Tief nur von kurzer Dauer, schon im Jahr darauf ging es wieder aufwärts. Ducati Corse brachte den neunten Konstrukteurstitel nach Hause, auch wenn „King" Carl Fogarty nach einem schweren Sturz beim Rennen in Phillip Island seinen Superbike-Helm an den Nagel hängen musste. Den Superbike-

Titel in der Saison 2001 holte Troy Bayliss, ein schönes Geschenk zum 75. Jahrestag der Firmengründung. Zugleich war er der fünfte Ducati-Pilot, der es zu Weltmeisterehren brachte.

Zwei wesentliche Neuerungen prägten den Rennmotor, dessen Debüt beim ersten WM-Rennen der 2001er-Saison stattfand:

Der Hub wurde zugunsten einer größeren Bohrung verkürzt - gleichzeitig ließ sich so ein höheres Drehzahlniveau erreichen - und die Zylinderköpfe wurden komplett neu gestaltet. Die Gemischaufbereitung erledigte eine digital gesteuerte Einspritzanlage von Weber/Marelli. Verwendet wurde das neue Triebwerk zunächst in der Ducati 996 R, dem 135 PS starken Homologations-Modell.

Wirtschaftlich lief es für die Ducati Motor Holding weiterhin glänzend. Der italienische Hersteller um Ducati-Chef Carlo Di Biagio konnte Ab- und Umsatzrekorde vermelden. Zum guten Ergebnis trugen Maschinen wie die Monster und die 998 Testastretta bei. Bei dieser handelte es sich um die letzte Entwicklungsstufe der 916. Das Triebwerk war weitgehend identisch mit dem der 996 R. Den 998er Motor gab`s in drei Varianten: mit 123 PS in der 998, mit 136 PS in der 998 S und mit satten 139 PS in der 998 R, der Basismaschine für die Werksrenner. Neben einer Monster entstand für den Film „Matrix-Reloaded" auch ein 998-Sondermodell (s. Foto u.). Die 999 kostete exakt 16000 Euro, die 998 S immerhin schon 20100 und die 998 R satte 27000 Euro.

In der Folgezeit fand der 996-Motor auch in den anderen Modellen des Herstellers Platz, so kam es zur ST4 S, die der ST 4 zur Seite gestellt wurde. Neu im Programm erschienen die Supersport 750 sowie die kleine Dark 620 i.e., die mit der alten 600er nur noch wenig zu tun hatte. Geblieben waren lediglich der Name und die Lackfarbe - der Rest war mehr oder minder neu, wenn auch aus anderen Modellen zumeist schon bekannt.

DAS NEUE JAHRTAUSEND

Der letzte der Gründer, Bruno Cavalieri Ducati, erlebte diesen Triumph nicht mehr mit. Der Ehrenvorsitzende von Ducati starb im Mai jenen Jahres, nur zwei Monate vor Fabio Taglioni, dem Vater der Desmo.

Nachdem Ducati Corse, die Rennabteilung des Unternehmens, in der Klasse der Produktionsmaschinen alles gewonnen hatte, was es zu gewinnen gab, fühlte man sich in Bologna bestens gerüstet für neue Aufgaben. Im Mai 2001 gab Ducati-Präsident Federico Minoli in Jerez de la Frontera bekannt, in der neuen MotoGP-Serie mitmischen zu wollen. Dieser Entscheidung vorausgegangen war eine Internet-Aktion, bei der die Fans um ihre Meinung zu einem eventuellen GP-Einsatz von Ducati Corse gefragt wurden. Die Abstimmung per Mausklick war so eindeutig, dass sich die gut 100 Mann starke Truppe um Renndirektor Claudio Domenicali unverzüglich ans Werk machte. Und, anders als in all den Jahren zuvor, stand endlich auch ein ausreichendes Budget zur Verfügung: Das Unternehmen kam 2001 auf einen Reingewinn von 10,6 Millionen Euro - 176 % mehr als im Vorjahr. Der Umsatz hatte sich seit der Übernahme 1996 sogar auf 408 Millionen Euro vervierfacht.

Das teuerste und ehrgeizigste Projekt, das Ducati bis dahin in Anspruch genommen hatte, entstand unter der Maßgabe, für die 2003 erstmals ausgetragene Rennserie von Anfang an ein konkurrenzfähiges Motorrad auf die Michelins zu stellen. Um das zu erreichen, musste die neue MotoGP-Ducati mindestens 220 PS leisten, und das ließ sich wiederum am besten mit einem V-Vierzylinder realisieren. Die vier Zylinder wiesen das für Ducati typische 90-Grad-Layout auf; für Ducati typisch war auch die desmodromische Ventilsteuerung - „unverzichtbar, um das wahre Potenzial der Desmo auszuschöpfen", wie Filippo Preziosi, der Technische Direktor erläuterte - sowie die elektronische Einspritzung. Die Zündfolge - Twin Pulse genannt - entsprach dem der V2-Zylinder. Der wassergekühlte Sechzehnventiler übernahm tragende Funktion, im Gegensatz zu allen anderen Herstellern verwendete Ducati einen grazilen, leichten Stahl-Gitterrohrrahmen. Bei der Präsentation war die Desmosedici noch mit einer konventionellen, wenn auch recht langen Alu-Kastenschwinge versehen. Die neue V4 Desmosedici in den Farben des Ducati Infostrada Teams - das in 2002 mit dem australischen Superbike-Weltmeister Troy Bayliss auf Titelkurs war - erlebte im Rahmen der Word Ducati Week in Misano ihre Publikumpremiere.

Dieses Jahr ging auch deshalb in die Ducati-Annalen ein, weil es die Premiere der neuen 999 sah.

Die Nachfolgerin der Ducati Baureihe 998 hatte im Juni 2002 ihr Roll-Out. Ihr charakteristisches Merkmal waren die kleinen DE-Scheinwerfer, die übereinander in der Verkleidung saßen. Gestylt vom Südafrikaner Pierre Terblanche, entstand so die erste Ducati, die komplett per CAD entworfen worden war. Die Arbeit am Computer sparte Zeit, Geld, Kosten - und letztlich auch Bauteile: Im Vergleich zur 916 hatte die neue 999 rund 30 Prozent weniger Teile aufzuweisen. Herzstück der neuen Maschine bildete der bereits bekannte Testastretta-Motor, der aber ein komplett überarbeitetes Kurbelgehäuse

2003 griff Ducati Corse dann mit der Desmosedici V4 in der MotoGP an. Troy Bayliss und Loris Capirossi (s. Foto li. zweiter
von links) schafften gleich im ersten Jahr
einen ersten, zwei zweite und sechs dritte
Plätze. In der Markenwertung beendete das
Unternehmen die Saison auf Platz zwei.
Im Rahmen der vierten World Ducati Week
gab Federico Minoli dann bekannt, was kei-

erhalten hatte. Natürlich hatte auch die 999
eine Einspritzung von Magneti Marelli. Jenseits aller technischen Qualitäten: Das Design ist und bleibt umstritten: So einhellig
die Begeisterung für die zeitlos schöne 916,
so geteilt das Echo auf die 999. Immerhin:
Britische Motorradmagazine kürten sie zum
„Motorrad des Jahres".
Auf dem Motorsport-Sektor lief die Entwicklung des Desmosedici-Motors auf Hochtouren weiter, Ducati setzte große Hoffnungen
in diesen V4, der die kommenden GP1-
Meisterschaften beherrschen sollte - so wie
es Ducati bei den Superbikes tat. Und dann
kam da noch die Multistrada auf den Markt,
nach Monster, Supersport, Superbike und
Sport Touring eine fünfte Modellreihe. Der
zunächst noch als Studie deklarierte Allroun-
der feierte dann in der Serienausführung auf
der INTERMOT in München im September
2002 Premiere. So ungewöhnlich wie die
Idee, ein Superbike mit Enduro-Federwegen
zu bauen, so ungewöhnlich - nicht nur für
eine Ducati - ist auch die Multistrada-Optik
- einmal mehr war in Bologna ein Motorrad
entstanden, das polarisierte.

nen Ducati-Kenner wirklich überraschte: Natürlich sollte auch von der erfolgreichen Des-
mosedici-Rennmaschine (s. Foto o.) eine
zulassungsfähige Variante entstehen.
In die Wirtschaftsteile der Zeitung schaffte
es Ducati durch seinen Vorstoß, die Mehr-
heitsanteile an der schwächelnden Aprilia-
Gruppe zu übernehmen. Die Verhandlun-
gen scheiterten zwar - Aprilia ging an die
Piaggio-Gruppe - doch zeigten diese Ver-
handlungen: Ducati, der ehemalige Pleite-
kandidat, ist aktiver denn je. Die internati-
onale Motorradindustrie tut gut daran, die
Bologneser auf der Rechnung zu haben.

Das Jahrzehnt in Stichworten

2000

Zum Millennium bringt Honda statt der vierzylindrigen RC 45 endlich ein Motorrad, das die Möglichkeiten des Reglements konsequent ausschöpft - die VTR 1000 SP-1 und mit ihr ein Motorrad, das die Ducati-Konzeption des 90 Grad-V-Motors aufnimmt. Der Amerikaner Colin Edwards vermag mit ihr die Ducati-Meute in Schach zu halten und wird Superbike-Weltmeister. Nicht zuletzt wird ihm dies durch die Tatsache erleichtert, dass Carl Fogarty beim zweiten Rennen der Saison im australischen Phillip Island stürzt, sich erheblich an der Schulter verletzt und daraufhin im September verletzungsbedingt seinen Rücktritt erklären muss.

2001

Für 2001 stellt Ducati die Nachfolge des legendären Carl Fogarty auf eine breite Plattform. Mit dem Australier Troy Bayliss, der bereits im Vorjahr beeindrucken konnte, dem Spanier Ruben Xaus, der den deutschen Rennfans noch aus seinen Zeiten in der deutschen Meisterschaft bei Alpha-Technik bekannt ist, sowie dem Amerikaner Ben Bostrom. Grund zum Optimismus für diese Saison flößt das neue Motorrad, die 996R Factory, dem Basis-Superbike auf der Basis der 996 (s. Foto o.r.) mit dem neuen Testastretta-Motor, ein. Ein neues Bohrung/Hub-Verhältnis von 100 x 63,5 Millimeter statt bisher 98 x 66 mm, enger zusammen stehende Ventile (Ventilwinkel nun 25° statt 40°), größere Einlassventile mit 42 an Stelle von 39 Millimetern sowie angepasster

Auslasspartner (34 statt 32 Millimeter), reduziertes Motorengewicht von 58 auf 55 Kilogramm sollen die Basis für den WM-Titel in diesem Jahr legen. Die Leistung wächst von 168 auf 174 PS bei 12000/min an, und das Drehzahllimit wird offiziell mit 13200/min angegeben. Damit holt Ducati gegen Honda erfolgreich zum Gegenschlag aus und vermag mit Troy Bayliss Weltmeister zu werden.

2002

Edwards und Honda revanchieren sich in diesem Jahr und gewinnen die Superbike-WM zum zweiten Mal nach 2000. Ducati verkündet den Einstieg in den Grand Prix-Rennsport in der Königsklasse MotoGP und präsentiert mit der Desmosedici ein rund 240 PS starkes Rennmotorrad mit wassergekühltem 90 Grad-V4-Motor und selbstverständlich desmodromischer Betätigung der vier Ventile je Brennraum. Konstruiert wurde dieses Motorrad vom Ingenieur und Technischen Direktor Claudio Domenicali und seinem Team.

Mit der 999 lanciert Ducati den Nachfolger der etablierten 916-Baureihe. Als 999 mit 124 PS (s. Foto u.) verfügt sie über den so genannten Testastretta-Motor, wie er erstmals in der Rennversion der 996 Dienst tat. Als 999S leistet der neue Supersportler von Ducati gar 136 PS. Die

Resonanz in der Szene könnte indes unterschiedlicher nicht sein. Während die 916-Baureihe in Punkto Design noch einhellige Zustimmung erhielt, sind sich die Ducatisti bei der 999 in hohem Maße uneins.

2003

Neil Hodgson, Mitte der 90er-Jahre an der Seite von Carl Fogarty schon einmal Ducati-Werksfahrer, gewinnt mit der neuen 999 die Superbike-WM, und Ducati erzielt insgesamt 64 Podestplätze in diesem Jahr - Rekord! Der Italiener Loris Capirossi feiert mit der Desmosedici im spanischen Barcelona den ersten MotoGP-Sieg für Ducati. Während der Grand Prix-erfahrene Capirossi gut mit dem neuen Arbeitsgerät klar kommt, hadert sein Teamgefährte, Jahr - Rekord! Der Italiener Loris Capirossi feiert mit der Desmosedici im spanischen Barcelona den ersten MotoGP-Sieg für Ducati. Während der Grand Prix-erfahrene Capirossi gut mit dem neuen Arbeitsgerät klar kommt, hadert sein Teamgefährte, Ex-Superbike-Champion Troy Bayliss. Der Australier kommt nur selten an die Zeiten des Italieners heran und stürzt zu oft.

Zur Markteinführung der Multistrada 1000

veranstaltet Ducati mit dem „Centopassi"-Event eine sportive Tour von Bologna aus in die Alpen. Der Gewinner wird mit einer Multistrada belohnt.

Auf der Tokio Motor Show zeigt Ducati eine neue Modelllinie. Die Sport Classics-Reihe, bestehend aus der Paul Smart 1000, (s. Foto Seite 195 u.) der Sport 1000 sowie der GT 1000 fand eine enthusiastische Aufnahme. Die Nachfrage nach diesen lupenreinen Retrobikes im Stil der frühen 70er - gänzlich moderne Motorräder - war so groß, dass Ducati beschloss, sie in Serie gehen zu lassen.

2004

Mit James Toseland siegt erneut ein Engländer auf der 999 in der Superbike-Weltmeisterschaft. Technisch betreut wird der privat als virtuoser Klavierspieler bekannte Fahrer übrigens vom Österreicher Charly Putz, dem langjährigen Freund und Leib-und-Magen-Schrauber von Ducati-Privat-Pilot Andreas Meklau. Im MotoGP setzt das Team d'Antin zwei Desmosedici aus dem Vorjahr ein, von denen eines der Superbike-Weltmeister aus dem Vorjahr, Neil Hodgson, erhält. Am Jahresende wird das Motorrad von Hodgson, übrigens exakt jene Maschine, mit der Loris Capirossi 2003 seinen Sieg in Barcelona heraus fuhr, an den Sammler Willi Balz nach Deutschland verkauft.

Die SportClassic-Modelle sind noch nicht auf dem Markt, aber bereits ausverkauft. Daher schließt Ducati zum 1. Juli die Bestellbücher.

2005

Mit dem Spanier Carlos Checa erhält Loris Capirossi im MotoGP-Team einen neuen Stallgefährten. Troy Bayliss indes wechselte zu Honda ins Team von Max Biaggi. In der Superbike-WM tut sich Ducati gegen die immer stärker aufkommenden 1000er-Vierzylinder sehr schwer. Mit der 999R (s. Foto o.) bringt Ducati den weltstärksten Twin. Gewaltige 150 PS sorgen für 280 km/h Topspeed - mit Straßenzulassung, wohlgemerkt.

Für Zuwachs im Modellprogramm sorgt die Multistrada 620, die kleine Strada mit dem Monster-Motor. Und die ersten SportClassic-Modelle werden nach Deutschland ausgeliefert. Nirgendwo waren die Vorbestellungen so hoch wie hier. Für die Saison 2006 stellt Ducati im Herbst 2005 zudem die Monster S2R 1000 vor.

MULTI-TALENT

Als Synthese aus Sport-Motorrad, Tourer und Naked Bike schuf Ducati die Multistrada. Ob in kurvigem Bergland, auf dem Weg zur Arbeit oder auf der Urlaubsreise — sie entpuppte sich stets als verlässlicher Partner.

Mit der Multistrada 1000 DS schuf Ducati ein Motorrad für Enthusiasten, die so oft und so ausgedehnt wie nur möglich das Feeling auf zwei Rädern genießen möchten. Mit ihrer aufrechten Sitzposition bietet sie hervorragenden Komfort, ohne dabei aber an Ducati-typischer Sportlichkeit einzubüßen. Sie bezwingt eng gewundene Passstraßen fahrdynamisch aktiv wie ein Supersportler und verwöhnt dabei auch auf mehrstündigen Touren mit kommoder Unterbringung.
Einer der Schlüssel zu diesem erfolgreichen Konzept ist freilich der 992 cm³ gro-

*DS wie Dual Spark: Der Motor der Multistrada ver-
fügt über Doppelzündung*

*Geschmackssache: Nicht jeder Ducatista geriet ob
der Multistrada ins Schwärmen.*

ße V2-Motor, ein 90 Grad-Desmo-Twin
mit elektronischer Benzineinspritzung.
Das neue Design für diesen luftgekühlten V2 begann bei den Zylinderköpfen mit
Doppelzündung und reichte über deutlich
verringerte Winkel zwischen Einlass- und
Auslassventilen. Das damit erzielte kompakte Zylinderkopf-Layout erlaubt eine optimale Brennraumgestaltung und gewähr-
leistet beste Verbrennung sowie eine verbesserte Leistungsausbeute insbesondere

Standardware: Sowohl die Upside-down-Gabel als auch die Schwimmsattel-Bremsanlage genügt sportlichen Ansprüchen im Landstraßen-Betrieb.

im wichtigen mittleren Drehzahlbereich. Optimiert wurden auch Positionierung von Nockenwelle und Ventilen mit dem Ziel, eine geringere Belastung und damit eine höhere Zuverlässigkeit des Ventiltriebs zu erreichen. Die Nockenwelle arbeitet nun statt in konventionellen Kugellagern in Öl-druck-Gleitlagern, wodurch die Zahl der beweglichen Teile reduziert und die ther-mischen Qualitäten des Motors verbessert wurden.

Wie von Ducati gewohnt und erwartet, vereint die Multistrada den typischen Git-terrohrrahmen im Stile der 999-Superbi-kes mit breiten Fünfspeichen-Leichtme-tallrädern und weiteren charakteristischen Merkmalen, wie die leichte Einarmschwin-ge aus Aluminium und eine kompakte und schlanke Verkleidung für bestmöglichen Schutz vor Fahrtwind und Wetter. Mit ei-nem reichhaltigen Angebot an Zubehör, wie Koffersets in Fahrzeugfarbe, höherer Verkleidungsscheibe, Gepäckträgern oder dem Navigationssystem sind dem Spiel-trieb des Multistrada-Fahrers zudem kaum Grenzen gesetzt.

Beim Gitterrohrrahmen verweist Ducati auf die verwendeten ALS450-Rohre als Grund für hohe Verwindungssteifigkeit und das geringe Gewicht. Mittels Gehrungsschnitt erhalten die Rohrverbindungen ihre Stei-figkeit durch Dreiecksaufnahmen und ent-sprechende Materialstärken nur an tat-sächlich hochbelasteten Abschnitten des Rahmens und nicht durch Volumen wie bei üblichen stranggepressten Aluminium-rahmen. Zudem ist der Motor als tragen-des Element in die Rahmenkonstruktion integriert, was zusätzliches Gewicht spart

Im Cockpit informiert ein großzügig bemessener elektronisch/analoger Drehzahlmesser, und ein LCD-Display bietet wahlweise die Anzeige der Geschwindigkeit in Meilen oder Kilometer pro Stunde, Motortemperatur, eine Kraftstoffreserve-Warnanzeige, einen Tageskilometerzähler sowie eine Uhr. Zudem lässt sich die Reichweite des Fahrtlichts aus dem Projektions-Scheinwerfer mit einer über das Instrumenten-Panel betätigten, elektrischen Höhenregulierung justieren.

In der Bordelektrik der Multistrada kommt eine im Automobilsektor entwickelte CAN-Bus Technologie (Controller Area Network) zum Einsatz. Diese führt zu einem einfacheren, reduzierten Aufbau der Elektrik und trägt ebenfalls zur Gewichtsreduzierung bei. Zwei Einheiten, die Instrumen-

Wie an der Frontpartie, so wurde auch am Heck nicht mit Federweg gegeizt.

und die Verwindungssteifigkeit erhöht. Auch bei den Fahrwerkskomponenten und der Fahrwerksauslegung für die Multistrada 1000 DS orientierte sich Ducati stark an dem, was auch die Superbikes aus eigenem Hause auszeichnet. Eine voll einstellbare Showa-Upside-down-Gabel etwa führt das Vorderrad, wurde für den universellen Einsatzzweck aber mit mehr Federweg von nun 165 mm ausgestattet. Ergonomischer geformte Bedienelemente erleichtern die Handhabung auch mit dickeren Handschuhen, und zur individuellen Anpassung der Ergonomie bietet der breite Rohrlenker Verstellmöglichkeiten nach vorne und hinten. State-of-the-art sind hingegen die einstellbaren Brems- und Kupplungshebel.

Der elektronische Analog-Drehzahlmesser bildet zusammen mit einem LCD-Display die übersichtliche Instrumenteneinheit.

Kann viel: Die Multistrada vereint Sportlichkeit mit Tourentauglichkeit. Das Fahrwerk ist sehr straff abgestimmt und erntete bei Tests hin und wieder Kritik.

teneinheit sowie die Zentraleinheit des Motormanagements von Magneti Marelli, bilden dabei die Schnittstellen und sind lediglich durch zwei Leitungen mit allen wichtigen Sensoren verbunden.

Im Fahrbetrieb weiß die Multistrada zu begeistern und zieht den Fahrer vor allem durch ihren gut abgestimmten, lebendigen Zweizylinder in ihren Bann. Kraft aus allen Lebenslagen gepaart mit Drehfreude und dem Ducati-typischen Schlag aus den beiden Endrohren unter dem Heck — das ist es, was eine Ducati motorisch ausmacht. Dazu ein präzises, bis in höchste Geschwindigkeiten spurtreues Fahrwerk mit sportlich-straff abgestimmten Federe-

lementen — so liebt es die Klientel. Gerade aber im Betrieb auf der Landstraße merkt man der Multistrada an, für wen und vor allem wo sie entwickelt wurde. Auf dem Futa-Pass, einer der traditionellen Teststrecken von Ducati lernte die Multistrada das Fach Handling nahezu in Perfektion, und die schier grenzenlose Bodenfreiheit setzt selbst sportlichsten Schräglagen kaum ein Ende. Dass sich dieser Genuss auf längere Sicht sogar noch mit dem Beifahrer teilen lässt, macht die Multistrada umso wertvoller. Kurzum, das Fazit: Ein Motorrad, das Fahrdynamik und sportliche Talente mit bester Tourentauglichkeit vereint. Und das ist eher selten.

DUCATI MULTISTRADA 1000 DS

Motor:

Typ	Luftgekühlter Zweizylinder in L-Form, 2 Ventile pro Zylinder, desmodromisch gesteuert
Hubraum	992 cm³
Bohrung x Hub	94 x 71,5 mm
Verdichtungsverhältnis	10:01
Leistung	62 kW - 84 PS bei 8.000 U/min
Drehmoment	84 Nm - 8,5 Kgm bei 5000 U/min
Gemischaufbereitung	Elektronisch gesteuerte Marelli Einspritzanlage, Drosselklappendurchmesser 45 mm
Auspuffanlage	Abgasanlage mit Doppelschalldämpfer aus Stahl, Katalysator
Abgasnorm	Euro 2

Kraftübertragung:

Getriebe	6 Gänge
Übersetzung	1. 37/15, 2. 30/17, 3. 27/20, 4. 24/22, 5. 23/24, 6. 24/28
Primärantrieb	Geradverzahnte Getrieberäder, Übersetzungsverhältnis 1,84
Sekundärantrieb	Kette; Kettenritzel 15 Zähne; Kettenrad 42 Zähne
Kupplung	Hydraulisch betätigte Mehrscheiben- Trockenkupplung

Fahrwerk:

Rahmen	Trellis Stahl-Gitterrohrrahmen
Radstand	1462 mm
Lenkkopfwinkel	24°
Lenkanschlag	35° nach rechts und links
Federung vorn	Komplett einstellbare Showa Upside-down, Standrohrdurchmesser 43 mm
Federweg vorn	165 mm
Vorderrad	Neue 6-Speichen-Design-Leichtmetallfelge 3,50 x 17 Zoll
Reifengröße vorn	120/70 ZR 17
Federung hinten	Progressiv angesteuertes Showa Federbein, komplett einstellbar, hydraulic remote pre-load control, Aluminium single-sided swingarm
Federweg hinten	141 mm
Hinterrad	5-Speichen Leichtmetallfelge, 5,50 x 17 Zoll
Reifengröße hinten	180/55 ZR 17
Bremse vorn	2 halbschwimmend gelagerte Bremsscheiben mit 320 mm Durchmesser, 4-Kolben Radial-Bremszangen mit je 2 Einzelbelägen
Bremse hinten	Bremsscheibe mit 245 mm Durchmesser, 2-Kolben Bremszange

Abmessungen:

Tankinhalt	20 l (6,3l Reserve)
Leergewicht	200 kg
Sitzhöhe	850 mm
Maximale Höhe	1286 mm
Maximale Länge	2130 mm

Ausstattung: Tachometer, Drehzahlmesser, Uhr, Inspektionserinnerung, Kontrollleuchten für Blinker, Öldruck, Tankinhalt, Kraftstoffreserve, Öltemperatur, Leerlauf, Durchschnittsgeschwindigkeit, Durchschnittsverbrauch, Einspritzanlagen Diagnosesystem, Wegfahrsperre

FEINE MECHANIK

Das Feinste vom Feinen, ein Leckerbissen für Technik-Gourmets, teure Kleinserie, prädestiniert für Sammler — das ist die Ducati 999R, Jahrgang 2005.

U nvergleichlich? Zu schade für die Rennstrecke? Keineswegs. Gerade „on the track" muss eine Ducati 999R beweisen, ob sie wirklich knapp
30000 Euro wert ist.
Erstmals 2002 präsentiert, verfügte die 999 über den so genannten Testastretta-Motor,
wie er von den Superbike-Rennmaschi-
nen bereits bestens bekannt war. 124 PS leistete er damals bei 9500/min und in
der 999S-Variante schwang er sich gar zu formidablen 136 PS bei 9750/min auf.
Doch für die 999R legte Ducati nochmals nach. Und zwar kräftig. Gewaltige 150 PS

verspricht das Datenblatt, als wir mit ihr die Rennstrecke besuchen.

Die Ducati 999R ist die Verbindung zwischen Serienmotorrädern und der Welt des Rennsports. Basierend auf dem höchsten technologischen Standard sticht die 999R im Jahr 2005 durch nochmals weiter fortgeschrittene technische Lösungen hervor, angefangen bei dem großvolumigen und kurzhubigen Testastretta Motor, der das Drehzahllimit erweitert und nun eine Spitzenleistung von 110 kW (150 PS) liefert. Die Carbon-Verkleidung ist das Resultat intensiver Tests im Windkanal und bringt Gewichtsersparnis sowie einen unverwechselbaren exklusiven Look der Werksrenner. Des weiteren wird die Exklusivität dieses reinrassigen Superbikes unterstrichen durch die nummerierte Serienplakette auf der oberen Gabelbrücke. Das Fahrwerk der 999R besteht nur aus edelsten Fahrwerkskomponenten. Das hintere Federbein, welches komplett einstellbar ist und die Teleskop-Gabel sind von Öhlins und garantieren feinstes Ansprechverhalten. Die 43mm starken Standrohre der Gabel sind Titannitrid-beschichtet und sorgen für ein verringertes Losbrechmoment. Die speziellen Aufnahmeplatten an den Füßen der Öhlins-Gabel erlauben den Einbau radial verschraubter Bremszangen. Die Brembo/Marchesini-Räder aus Aluminium werden in demselben Schmiedeverfahren hergestellt, das auch bei den im Renn-

Fahrdynamik pur: Noch nie vermochte ein Zwei-Zylinder-Motorrad serienmäßig derartigen Vortrieb zu generieren wie die 999R.

Basis-Bike: Die 999R ist die Homologations-Basis für den Superbike-Sport. In 2005 vermögen die Ducati-Twins aber kaum den Anschluss an die weit über 200 PS starken Vierzylinder zu halten.

Präzise, fahrdynamisch: Das sind die Attribute die PS-Das Sport-Motorrad Magazin für die 999R im Test fand.

sport eingesetzten Rädern angewandt wird, wodurch sich eine Gewichtsersparnis bei gleichzeitig erhöhter Torsionssteifigkeit ergibt.

Der Gitterrohrrahmen beherbergt das Herzstück der 999R, - den Testastretta-Motor. Dieser speziell für den Rennsport entwickelte Motor leistet 110 kW (150 PS) bei 9750/min und ein maximales Drehmoment von 112 Nm bei 8000/min. Die Ducati 999R wird inklusive einem kompletten Racing-Kit ausgeliefert. Dieser Kit beinhaltet einen 102 db(A) lauten Termignoni Mono-Schalldämpfer, mit Krümmeranlage ohne Katalysator für den liegenden Zylinder sowie das dazugehörige, modifizierte Steuergerät. Der Racing-Kit reduziert das Fahrzeuggewicht zudem um 3 kg und steigert zusätzlich die Performance für den Rennstreckeneinsatz.

Mit ihrem typischen Bollern läuft die 999R in der Boxengasse warm. 151 PS ergab die Prüfstandsmessung kurz zuvor, völlig TÜV-konform im Übrigen. Der Welt stärkster Twin – Hut ab vor den Bolognesern. Und auf der Strecke offenbart er all die Fahrdynamik, die jegliche Superlative rechtfertigen. Tiefste Schräglagen, denen sogar irgendwann der Schalthebel zum Opfer fällt, eine Zielgenauigkeit, die mit dem Wort höchst präzise ebenso unspektakulär wie treffend beschrieben ist. Und doch wirkt alles eher unspektakulär – trotz sensationeller Schräglagen.

Weiches, rundes Fahren mag die 999R und kommt damit sogar Rennstrecken-Novizen entgegen, was auch an der bequemen und darüber hinaus sogar variablen Sitzposition liegt. Um 15 Millimeter lässt sich die Sitzbank bei Bedarf absenken, und auch der Abstand zwischen den Lenkerenden gewährt 10 Millimeter Spielraum für individuelle Justage. Dazu gesellt sich eine zusammen mit dem Tank längs verschiebbare Sitzbank. Die Ducati integriert ihren Fahrer so perfekt ins Geschehen und lässt ihm dennoch Bewegungsspielraum. Dazu ein herrlich weich einsetzender Motor, der dennoch nicht verzögert anspricht. Er bietet schlicht fein kontrollierbaren Druck und dabei ein enorm breites Drehzahlband.

Als kleinen Nachteil mag der Ducatista aufnehmen, dass die 999R wie schon ihre Vorgängerinnen enge 180-Grad-Bögen gerne etwas weiter nimmt. Dennoch lässt sich mit ihr eine extrem schnelle Linie realisieren, die unterm Strich wertvolle Zehntel bringt. Hart und zudem sehr genau trifft die 999R den optimalen Einlenkpunkt, was selbst weniger Erfahrenen leicht von der Hand geht. Und sie bleibt beim Bremsen fast schon stoisch stabil, bietet mit ihrer Öhlins-Gabel schier unglaubliche Reserven, selbst auf sehr welliger Piste und flößt dem Fahrer damit das Vertrauen ein, hart umzulegen und länger als mit manch anderem Motorrad in die Ecken hinein zu bremsen.

DUCATI 999R

Motor:

Bauart:	4-Takt/90 Grad-V
Zylinderzahl:	2
Ventile je Brennraum:	4
Ventiltrieb:	DOHC
Bohrung in mm:	104
Hub in mm:	58,8
Hubraum in cm³:	999
Leistung in PS/ Nenndrehzahl in 1/min:	150/9750

Gemischaufbereitung:

Bauart/Anzahl:	Saugrohreinspritzung
Hersteller:	Weber-Marelli
Durchlass in mm:	54

Kraftübertragung:

Getriebe/Anzahl Gänge:	Klauen/6

Fahrwerk:

Reifen v/h:	120/70 ZR 17/ 180/55 ZR 17 oder 190/50 ZR 17
Bremse v/Durchm. in mm:	Doppelscheibe/320
Bremse h/Durchm. in mm:	Einzelscheibe/240
Federweg v/h in mm:	120/128

Gewichte und Füllmengen:

Leergewicht in kg:	210
Tankinhalt in Litern:	15,5

Höchstgeschwindigkeit in km/h:	280

Baujahre:	2005

MEISTER-MACHER

In Punkto Design zwar heftig umstritten, fahrdynamisch aber eine Klasse für sich. Mit der Werks-Maschine 999 F04 beherrschte der Engländer James Toseland in der Superbike-WM 2004 die Konkurrenz.

Als Ducati 1990 erstmals den Superbike-Weltmeister stellte, dürften dem damals elfjährigen James Toseland gerade die ersten Weisheitszähne gewachsen sein. Jetzt, mit 24, ist er der jüngste Superbike-Weltmeister der Historie. Er stand in der Saison 2004 bei 22 Rennen 14 Mal auf dem Podest, genau so oft wie sein Team-kollege Régis Laconi aus Frankreich. Der hatte sogar sieben Siege auf dem Konto, Toseland nur drei. Aber beim Finale im Oktober in Magny-Cours machte der Brite mit einem ersten und einem zweiten Platz den Sack zu, Laconi blieb mit sieben Punkten

Im Gespräch: Weltmeister James Toseland (li.) gibt Alan noch letzte Instruktionen für den Test mit der 999F04.

Rückstand nur der undankbare Vizetitel. Viel hat sich im Vergleich zur 999 F03 geändert, mit der Neil Hodgson im letzten Jahr Weltmeister geworden war. Chef-Techniker Ernesto Marinelli und ein Geschwader von rund 100 hochmotivierten Ingenieuren haben sich beim V2-Triebwerk nicht sonderlich intensiv um mehr Leistung gekümmert, sondern darum, dem 190 PS starken Twin nochmals bessere Manieren beizubringen.

Hodgsons 999 des Vorjahres war eine rasiermesserscharfe Waffe mit einer aggressiven, geduckten Sitzposition. Hingegen bietet Toselands Einsatzgerät reichlich Platz. Viel höher, geräumiger, mit mehr Freiraum zum Turnen für schnelle Kurvenwechsel. Toseland hat sich gar ein Polster an den Tank kleben lassen, damit er weiter hinten Platz nehmen kann.

Aber man darf sich nicht täuschen lassen: Knapp 190 PS sind kein Pappenstiel, auch wenn sich die Kraftentfaltung ab 4000/min bis zum Einsetzen des Drehzahlbegrenzers bei 13200/min wunderbar linear gestaltet. Schon auf leises Zucken der Gashand reagiert der Zweizylinder mit Nachdruck. „Good throttle response" lobt Toseland das direkte Ansprechen auf Veränderungen am Öffnungsgrad der Drosselklappen.

Der Umgang mit der 999 erscheint nun um einiges spielerischer als mit dem Vorjahresmodell, über das sich Hodgson damals so ausließ: „Ich hatte Mühe, auf schnellen Geraden das Vorderrad ruhig zu halten. Die Ducati hüpfte und schüttelte sich wie irr." Davon ist wenig geblieben. Ein Wheelie auf der Geraden von Mugello, das Vorderrad findet wieder Kontakt zur

Mit knapp 190 PS Spitzenleistung realisiert der V2 in der 999 enorme 312 km/h Topspeed.

Wie bereits bei den 916-Rennern führen zwei Luftkanäle vom Verkleidungsbug zur Airbox.

Dank Öhlins-Gabel und Brembo-Radial-Zangen ist die F04-Front bestens gerüstet.

Auch Weltmeister James Toseland resümiert die Entwicklung in diese Richtung: „Mit den Michelin-Reifen standen uns im letzten Jahr natürlich viel mehr Abstimmungsvarianten zur Verfügung. Wir mussten uns entsprechend mehr konzentrieren. Die Einheits-Pirelli haben ein anderes Profil und lassen uns mehr Wahlfreiheit, das Fahrwerk abzustimmen, so dass wir weniger tüfteln müssen."

Die Ducati Jahrgang 2004 benimmt sich viel kontrollierbarer, und wenn die Pirelli-Gummis erst einmal die richtige Temperatur haben — in Mugello an einem warmen Sommertag ungefähr ab der siebten Runde — lassen sich die herrlichsten Radierungen auf den Asphalt zaubern.

Beinahe überflüssig zu erwähnen, dass die Brembo-Bremsen nach wie vor zum Allerfeinsten dessen gehören, was die Rennszene so zu bieten hat. Allerdings schwört Toseland auf innenbelüftete Stahlscheiben. Das hängt mit seinem Fahrstil zusammen. Der Mann aus der Stadt der Stahlindustrie, Sheffield im britischen Black Country, bremst gern spät und weit in die Kurven hinein — auch wenn er dabei riskiert, dass beim Lösen der Bremse das Vorderrad einklappt. Régis Laconi, sein Teamkollege, hatte hin und wieder seine liebe Mühe damit und verlor, so die Analyse, eventuell auch deshalb den Kampf um den WM-Titel.

Aber einer der größten Trümpfe des Fila-Ducati-Werksteams dieses Jahr war die Zuverlässigkeit. Darauf ist Marinelli besonders stolz. „Wir hatten keinen technischen Ausfall", so der für die Superbike-WM verantwortliche Teamchef. „Wir ha-

Piste, und alles ist leicht zu kontrollieren. Allerdings ist die Leichtigkeit des Seins ein Ergebnis monatelanger Testfahrten, vor allem, weil laut Reglement seit diesem Jahr erstmals Einheitsreifen von Pirelli vorgeschrieben waren.

„Wir haben uns bei der Abstimmung hauptsächlich darum gekümmert, wie das Fahrwerk mit den Pirellis harmonieren könnte. Das war die größte Herausforderung", meint Marinelli. „Ein kleiner Klick in die falsche Richtung, und die Ducati benimmt sich völlig anders." Ein Sensibelchen also, trotz allem. Aber sehr effektiv, wenn die Abstimmung erst einmal stimmt.

ben alle 1000 Kilometer eine Motorrevision durchgeführt, die Ventile hielten sogar 1500 Kilometer. Davon konnten auch unsere Kundenteams profitieren, denen wir die technischen Verbesserungen weitergegeben haben."

So zum Beispiel die Öhlins-Gabel mit dem externen Ausgleichsbehälter, die ab Saisonmitte zur Verfügung stand. Oder die Anti-Hopping-Kupplung, die weiter verfeinert wurde und Im Extremfall nur bei sehr rüdem Runterschalten zu delikaten Fahrsituationen führte.

Der Testastretta-Motor, seit diesem Jahr mit etwas größeren Ventilen – Einlass/Auslass 43,5/34 mm statt 42/32 mm – hat sogar an Drehfreude gewonnen, nicht zuletzt dank der geschmiedeten Zweiring-Kolben von Omega und Pleueln von Spezialist Pankl aus Österreich. Allerdings betont Meister Toseland, er habe am Anfang der Saison das Drehzahlband überhaupt nicht ausgenutzt. „Erst ab Saisonhälfte", so Toseland, „bin ich bis an den Begrenzer gegangen. Aber wie man sieht: Es hat ja auch so gereicht."

Mit 312 km/h war die Werks-Ducati durch die Lichtschranke in Monza gerast, das kann sich sehen und, vor allem, hören lassen. Denn was hinten unter dem Höcker den Sound erzeugt, stammt natürlich aus dem Hause Termignoni, ist 63,5 Millimeter dick und folgt der Formvorgabe 2-in-1-in-2-in-1. Ein Auspuff aus Titan-Blech vom Feinsten.

Und das Ziel ist erreicht, Fahrer- und Konstrukteurstitel gewonnen. Ab sofort war die 999 FO4 dann nur noch eines: Basis der Entwicklung für 2005.

DUCATI 999 FO4

Motor:	
Bauart:	4-Takt/90 Grad-V
Zylinderzahl:	2
Ventile je Brennraum:	4
Ventiltrieb:	DOHC
Bohrung in mm:	104
Hub in mm:	58,8
Hubraum in cm³:	999
Leistung in PS/ Nenndrehzahl in 1/min:	189/12500
Gemischaufbereitung:	
Bauart/Anzahl:	Saugrohreinspritzung
Hersteller:	Weber-Marelli
Durchlass in mm:	60
Kraftübertragung:	
Getriebe/Anzahl Gänge:	Klauen/6
Fahrwerk:	
Reifen v/h:	12/75-420/ 19/65-420
Bremse v/Durchm. in mm:	Doppelscheibe/305
Bremse h/Durchm. in mm:	Einzelscheibe/218
Federweg v/h in mm:	120/128
Gewichte und Füllmengen:	
Leergewicht in kg:	165
Tankinhalt in Litern:	15,5
Höchstgeschwindigkeit in km/h:	312 (Monza)
Baujahr:	2005

DRIVE BY FIRE

Über 240 PS und gewaltiger Einsatz der Technik machen die MotoGP-Ducati Desmosedici zu einem wahrhaft feurigen Gestühl.

Wenn Fahrtermine für exklusive Motorräder anstehen, ist die Fach-Journaille logischerweise immer gespannt, aber selten wirklich aufgeregt. Schließlich sind die Redakteure zumeist Routiniers, da lange Jahre im Geschäft. Was dann das Blut aber doch gehörig in Wallung bringt, ist eine Einladung zu einem MotoGP-Test wie etwa im Falle der Ducati Desmosedici. Mit 150 Kilogramm Gewicht, ohne Wasser und Kraftstoff, sowie gewaltigen 240 PS Leistung verschafft sich der V4-Brenner selbst bei altgedienten Recken Respekt — auch bei Alan Cathcart,

dem wohl profundesten Kenner und Tester der Grand Prix-Rennmaschinen aus den vergangenen 30 Jahren. Immerhin schoss Loris Capirossi 2003 mit gewaltigen 347,4 km/h im spanischen Barcelona mit ihr über die Zielgerade.

Mit Sperrbolzen arretiert ein Ducati-Techniker die Rutschkupplung der Granate, die Startmaschine verbeißt sich mit ihrer Reibrolle im Hinterrad, und Sekunden später öffnet Tontechniker Luzifer seine Pforten. Mit gewaltigen Detonationen scheint der 90 Grad-V4-Motor förmlich zu eruptieren, und mit fast schon zittriger Hand greift der Tester zur Kupplung, legt den ersten Gang ein und rollt aus der Boxengasse.

Sehr hoch hat sich Loris Capirossi die Fußrasten legen lassen, und entsprechend eingeengt fühlt man sich auf der Desmosedici mit 185 Zentimetern Körpergröße. Doch schon nach den ersten Kurven wird transparent, dass es sich bei ihr nur um eine Ducati handeln kann und zwar um eine waschechte. Beim Einlenken einfach den gewünschten Punkt anvisieren, und wie auf einem Leitstrahl fährt das 240 PS-Monster auch genau dorthin. Oder mit brachialem Schub am Hinterrad superschnelle Biegungen durcheilen — die Ducati mit ihrem Gitterrohr-Chassis, das den Motor als tragendes Element aufnimmt, pariert sie im Verein mit den scheinbar grenzenlos

Auf der Kupplungsseite fällt das Loch in der Druckplatte auf. Es dient zur Aufnahme des Sperrbolzens beim Starvorgang.

Mit 347,4 km/h stellte Loris Capirossi beim Barcelona-GP 2003 mit der Desmosedici einen Topspeedrekord auf, der bis dato besteht.

Hier ist deutlich zu sehen, dass der V4 als voll tragendes Fahrwerkselement fungiert.

Loris Capirossi und die Desmosedici GP03 waren auf Anhieb eine höchst schlagkräftige Kombination.

Dämpfungsreserven bereit haltenden Öhlins-Federelementen absolut souverän. Etwas zäher gehen hingegen rasche Richtungswechsel vonstatten, etwa in engen Schikanen. Dort ist Krafteinsatz des Fahrers mit behänder Gewichtsverlagerung gefragt. Doch bereits ausgangs derartigen Terrains fordert auch schon der V4 wieder den gesamten Fahrer, der, etwas übermütig vielleicht, die Drosselklappen optimistisch auf Durchzug gestellt hat.

Mit verbal kaum zu beschreibender Gewalt katapultiert er die Fuhre jenseits der 9000/min derartig vorwärts, dass einem der knallrote Carbon-Tank wie von einer Sprungfeder ausgelöst vor den Helm klatscht, der linke Fuß hastig die nächste Gangstufe rastet, um die Frontpartie so auch nur halbwegs wieder in Richtung Asphalt zu bekommen. Bis 16500/min beißt der V4 auf diese Weise unbarmherzig und gnadenlos zu, stets klar machend, was er mit seinem Fahrer im Schilde führt: Rundenzeiten in den Asphalt stanzen. Möglichst die schnellsten, wenn es geht.

Aber von der MotoGP-Desmosedici können die Fans nur träumen, denn der Ritt auf den paar wenigen handverlesenen Werksrennern ist außer den Vertragsfahrern lediglich einer Hand voll Journalisten vorbehalten. Das weiß auch Ducati.

Aus diesem Grunde wurde das Projekt Desmosedici RR, die straßenzugelassene Variante der Rennversion, gestartet.

Der Zeitplan von Ducati für die Markeinführung der straßenzugelassenen Replica des MotoGP-Renners Desmosedici stand bereits im Sommer 2004. Exakt zur World Ducati Week im Juni 2006 plante Präsident Federico Minoli die erste Desmosedici RR an ihren stolzen Käufer zu übergeben.

Ende 2004 nahm schließlich der straßentaugliche Ableger des potenten V4-Triebwerks seine Prüfstands-Testphase in der Entwicklungsabteilung des Bologne- ser Werks auf. Was rein optisch wie ein waschechter Ableger des Rennmotors von Loris Capirossi anmutet, entpuppte sich bei genauerer Nachfrage indes als na- hezu völlige Neukonstruktion. Zwar sind die Abmessungen des nur 10 Millime- ter breiter als die Rennversion bauenden Straßenablegers nahezu identisch, doch verwies Motoren-Entwicklungschef Gigi Mengoli auf anders gewählte Zylinderab- stände und damit ein geändertes Motor- gehäuse. Zudem wurden auch periphere konstruktive Details wie der Kühlwasser- kreislauf im Hinblick auf Serienbau und Wartung optimiert.

Die roten Moto GP-Renner warten in der Box auf ih- ren Einsatz. Ferrari und die Formel 1 lassen grüßen.

Aus 989 cm³ Hubraum, resultierend aus gewaltigen 86 Millimetern Bohrung und gerade mal 42,6 Millimetern Hub, ver- mag Ducati 200 PS oder sogar mehr zu schöpfen. Dazu bedarf es freilich hoher Drehzahlen. Während der MotoGP-Ren- ner im Extremfall sogar bis zu 17400/min hoch dreht, will man es beim Serienmo- tor hingegen bei maximal 16000/min bewenden lassen. Erreicht wird die Dreh- zahlfestigkeit freilich ohne Formel-1-Fea- tures wie pneumatische Ventilfedern, son- dern, in bester Ducati-Tradition, mit einer desmodromischen Ventilsteuerung, also über Öffner- und Schließerhebel. Neben der Drehzahlfestigkeit erlaubt diese Tech- nik gerade auch steilste Ventilerhebungs- kurven — eine der wesentlichen Vorausset- zungen für gehörige Spitzenleistung. Fahrwerksseitig profitiert die Desmosedici RR vom ultra-kurz bauenden 90 Grad-V4- Motor, dessen Getriebewellen raumspa- rend übereinander angeordnet sind und

Der Desmosedici-V4 baut extrem kompakt. Auf der rechten Seite befinden sich die Zahnrad-Türme für den Nockenwellen-Antrieb.

Der extrem eng gehaltene Kühler-Ausschnitt zeigt, wie sehr die Desmosedici auf Aerodynamik und Topspeed getrimmt wurde.

Motor als Hauptträger mit Schwingenaufnahme sowie angeschraubtem Gitterrohr-Lenkkopfträger fungiert.

Stramme 50000 Euro wird Ducati für die Desmosedici RR verlangen und pro Tag exakt eine davon fertigen. Und die Bologneser versprachen bei Drucklegung dieses Buches Mitte 2005: „Es wird kein Blender, sondern eine waschechte Replica werden."

Doch zurück zur waschechten Rennversion der Desmosedici, die Capirossi und Co. bewegen. Wer würde nicht davon träumen, ein solches Motorrad zu besitzen – oder sich wenigstens geraume Zeit mit ihm beschäftigen zu dürfen? Eine zweifellos rhetorische Frage, zu der aber die folgende Geschichte sehr schön passt.

Die Geschichte beginnt an einem widerlichen Februarmorgen im Frühjahr 2005. Dieser Tag hat etwas Unwirkliches, Irreales. Draußen regnet es, richtiges Schmuddelwetter eben. Drinnen im PS-Transporter ist es dagegen wohlig warm, das Radio dudelt Robbie Williams rauf und runter, und es riecht nach Sprit. Aber anders als sonst, wenn wir Motorräder transportieren. Kraftvoller, intensiver. Es riecht nach dem Lebenselixier eines MotoGP-Bikes. Es riecht nach Ducati Desmosedici.

Immer wieder werfen wir einen kurzen, flüchtigen Blick nach hinten, können es nicht glauben. Wir haben sie, haben sie wirklich. Nein, kein zusammen gestecktes Ausstellungsstück für irgendeine Motorrad-Messe, kein Fake, wie der Engländer sagen würde. Sondern ein Original. Exakt jenes Motorrad, mit dem Neil Hodgson 2004 die Rennen für's Team d'Antin be-

so eine traktionsfreudige, lange Schwinge bei dennoch kurzem Radstand ermöglichen. Der Rahmen selbst wird auch bei der RR eher rudimentär ausfallen, denn Ducati wird den Motor voll tragend in das Chassis-Konzept integrieren, bei dem der

stritt und das ein Jahr zuvor, 2003, Loris Capirossi im spanischen Barcelona zum ersten und bis zur Drucklegung dieses Buches einzigen MotoGP-Sieg für Ducati trug.

Und es war so simpel, so überraschend einfach, sie für den heutigen Studiotermin zu bekommen, um sie auf eine Weise zu präsentieren, wie noch nie zu sehen war. Komplett nackt, ohne jegliche Verkleidungsteile nämlich. „Ducati Corse geht sehr offen damit um, macht keine großen Geheimnisse um die Werksrenner älterer Prägung", erklärt Lucas Schmidt, in 2004 Desmosedici-Mechaniker im Team von d'Antin.

Aber auch der neue Besitzer der MotoGP-Ducati geht sehr entspannt mit dem Thema um. „Bring' sie mir heil wieder", waren seine Worte. Nicht mehr. Sehr entspannt, alles. Und irgendwie unglaublich.

Ja, Ducati Corse hat sie verkauft. An einen passionierten Motorradfahrer, Racing-Fan, Sammler und Freund des Autors im schwäbischen Nürtingen.

Willi Balz, Chef des Windkraft-Unternehmens NATENCO im schwäbischen Wolf-schlugen vor den Toren Stuttgarts, konnte nicht widerstehen, als er hörte, dass Ducati Corse insgesamt drei der 2004 noch eingesetzten 2003er-Maschinen verkauft. Sein Freund und mittlerweile auch Mit-arbeiter, der Weltmeister von 1993, Dirk Raudies, wurde mit der Vermittlung be-traut, Lucas Schmidt fungierte als Berater. Und dann ging alles sehr schnell. Kurz vor Weihnachten die Kaufverträge unterschrie-ben, Mitte Januar das Motorrad abgeholt. Und keine zwei Wochen später steht sie

Was diese beiden Endrohre entlassen, steht dem akustischen Inferno eines Formel 1 nicht nach.

leibhaftig bei PS in Stuttgart im Studio. In Zukunft soll sie dem Unternehmen als Werbeträger bei Veranstaltungen dienen — deshalb der NATENCO-Schriftzug an Stelle der Marlboro-Lettern auf dem Ver-kleidungs-Zierrat des Jahrgangs 2003,

Im Jahr 2003 traten Troy Bayliss, der Superbike-Weltmeister von 2001, und Loris Capirossi (re.) mit der Desmosedici im MotoGP an. Während Capirossi sehr erfolgreich startete, kämpfte der Australier indes mit Problemen und musste das Team 2004 schließlich verlassen.

dem Capirossi-Bodywork. Schließlich haben wir uns durch den Verkehr gewühlt, das Redaktionshaus erreicht. In der Tiefgarage laden wir aus. Die Desmosedici, zusätzliche Verkleidungsteile, Tank, Sitzbankträger, Heckbürzel. Alles hopfenleicht, aus feinster Kohlefaser im Autoklaven gebacken. Und von einer Qualität, wie sie ihresgleichen sucht. Herrschaft, das ist MotoGP.

PS-Schrauber Mike Funke steht schon parat für den Edelbike-Termin im Studio. Denn die Desmosedici muss gestrippt werden. Ganz. Völlig nackt muss sie dastehen.

„Doch vorher schieben wir sie auf die Waage", schlägt Mike vor. „Was schätzt du, wie schwer?". „Was meinst du?", frage ich zurück. Achselzucken. Sekunden später Klarheit. Genau sind es 83,5 Kilogramm vorne und 67,3 hinten. Macht 150,8 Kilo gesamt. Ohne Sprit, ohne Öl, ohne Wasser. Knochentrocken eben.

Eine extreme Gewichtsverteilung ist das. Zumindest statisch, ohne Fahrer. 55,37 Prozent entfallen auf's 3,5 Zoll breite 16,5 Zoll-Vorderrad, gerade mal 44,63 Prozent indes aufs 6,25er-Hinterrad, ebenfalls mit 16,5 Zoll Durchmesser. „Mit Fahrer und Flüssigkeiten sieht es möglicherweise anders aus. Sie hat einen langen Tank", werfen die eilig zusammen gelaufenen Kollegen unisono ein. Mag sein, doch werden wir das heute nicht erfahren. Auch wenn wir Wasser zum Befüllen des mächtigen Kühlsystems hätten, am Spezialöl mit fast honigartiger Konsistenz, das unmittelbar nach jedem Motorlauf sofort wieder abgelassen wird und am Spezialsprit würde es scheitern. Was vorhin im PS-Transporter noch intensiv roch, waren die drei, vier restlichen Schnapsgläser, die sich noch im Tank befanden.

So entfällt freilich auch eine Hörprobe des 90 Grad-V4 mit vier obenliegenden und via Stirnräder getriebenen Nockenwellen. Wobei dies gerade besonders schmerzt. Der Klang eines V4 mit null Grad Hubzapfen-Versatz – das ist Musik. Musik, die von gewaltigen Massen an Drehmoment, von unzähligen Pferdestärken erzählt. Von Power eben. Schierer Power.

Mit über 240 PS bei 16500/min gibt Ducati Corse die Leistung der Desmosedici an. Und das Drehmoment beträgt 100 Nm bei 14000/min. Wohingegen über den Topspeed des Werksrenners dagegen Klarheit herrscht. Über 340 km/h. Gefahren von Capirossi in Mugello. Unglaublich.

Dass es überhaupt geht, dass es funktioniert. Faszinierend. Aber auch erklärbar. Während die Superbikes mit einem Radstand um die 1400 Millimeter daher kommen, packt die Desmosedici nochmals fast 10 Zentimeter drauf. 1490 Millimeter sind die beiden Radachsen im Extremfall voneinander entfernt. Fahrstabilität ist angesagt. Und Traktion. Davon kündet die, verglichen mit einem Serien-Bike, mit 650 Millimeter extrem lange Schwinge.

Und es finden sich viele weitere Konstruktionsmerkmale, die die Desmosedici von Superbikes und selbst der arrivierten MotoGP-Konkurrenz abheben. Allen voran das Layout des Fahrwerks.

Einen Rahmen im klassischen Sinn gibt es nämlich nicht. Die Schwinge ist direkt im Magnesium-Motorgehäuse des V4 gela-

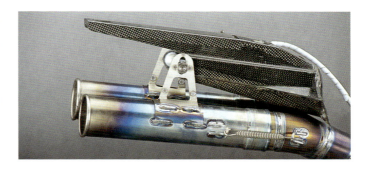

Filigrane Lösungen zeichnen die Desmosedici aus. Hier bei den Endrohren aus Titan.

Eng umschließt der Lenkkopfträger aus dünnwandigem Chrommolybdän-Stahlrohr den 240 PS-V4.

gert, und die mächtige Öhlins-Gabel steckt in einem Lenkkopf, der sich mittels eines Gitterrohrgeflechts aus Chrommolybdänstahl lediglich am Motor abstützt. Nicht mehr. Genial einfach – einfach genial?

Die Antwort kann nur Ducati Corse selbst geben. Immerhin war es in der Vergangenheit so, dass Fahrwerksprobleme Änderungen an dieser Konstruktion ratsam erscheinen ließen. So wurde beispielsweise eine noch steifere Schwinge konstruiert, es wurden Lenkkopfträger mit zusätzlichen Motor-Unterzügen ausprobiert, und sogar ein absolut konventioneller Rahmen wurde bei Tests erprobt. Stabilität lautet das oberste Gebot, minimales Gewicht aber auch. Und hier besticht die Konstruktion zweifelsohne.

Wie richtig Ducati prinzipiell mit der Desmosedici von Anfang an lag, bewiesen die Ergebnisse in 2003, die Loris Capirossi mit seinem historischen Sieg in Barcelona krönte. Und dass es weiter geht, ließen die Testfahrten 2005 vermuten. Bestzeit für Capirossi in Sepang mit der Desmosedici GP05. Was an ihr alles geändert wurde, behält die Crew von Ducati Corse für sich. Noch. Wir dagegen staunen solange über die GP03 und freuen uns derweil auf eine ganz bestimmte Stunde mit Desmosedici-Experte Lucas Schmidt. Irgendwo auf einer Rennstrecke, in irgendeiner Box. „Denn so lange dauert die Startprozedur für den Renner", erklärt er. Dann wird es wieder nach Benzin riechen. Kraftvoll, intensiv. Nach MotoGP eben. Und wir werden sie dann nicht nur hören, sondern auch fahren und das selbst erfahren, was Alan Cathcart eingangs bereits so trefflich beschrieb.

DESMOSEDICI GP03/ DESMOSEDICI RR

Motor:	
Bauart:	4-Takt/90 Grad-V
Zylinderzahl:	4
Ventile je Brennraum:	4
Ventiltrieb:	DOHC
Bohrung in mm:	86
Hub in mm:	42,6
Hubraum in cm³:	989
Leistung in PS/ Nenndrehzahl in 1/min:	über 240/16500
Gemischaufbereitung:	
Bauart/Anzahl:	Saugrohreinspritzung
Hersteller:	Weber-Marelli
Durchlass in mm:	k.A.
Kraftübertragung:	
Getriebe/Anzahl Gänge:	Klauen/6
Fahrwerk:	
Reifen v/h:	12/60-420/ 19/67-420
Bremse v/Durchm. in mm:	Doppelscheibe/310
Bremse h/Durchm. in mm:	Einzelscheibe/220
Federweg v/h in mm:	k.A.
Gewichte und Füllmengen:	
Leergewicht in kg:	150,8
Tankinhalt in Litern:	24
Höchstgeschwindigkeit in km/h:	347,4 (Barcelona)
Baujahr:	2003/2004

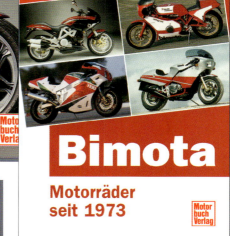
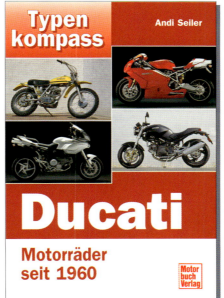